短线操盘实战技法

老牛 — 著

民主与建设出版社
·北京·

© 民主与建设出版社，2019

图书在版编目（CIP）数据

短线操盘实战技法 / 老牛著 . — 北京：民主与建
设出版社，2019.9（2023.3 重印）
ISBN 978-7-5139-2618-8

Ⅰ . ①短… Ⅱ . ①老… Ⅲ . ①股票投资—基本知识
Ⅳ . ① F830.91

中国版本图书馆 CIP 数据核字 (2019) 第 185796 号

短线操盘实战技法
DUANXIAN CAOPAN SHIZHAN JIFA

著　　者	老　牛	
责任编辑	王　倩	
装帧设计	尧丽设计	
出版发行	民主与建设出版社有限责任公司	
电　　话	（010）59417747　59419778	
社　　址	北京市海淀区西三环中路 10 号望海楼 E 座 7 层	
邮　　编	100142	
印　　刷	衡水翔利印刷有限公司	
版　　次	2019 年 12 月第 1 版	
印　　次	2023 年 3 月第 4 次印刷	
开　　本	710mm×1000mm　1/16	
印　　张	12	
字　　数	152 千字	
书　　号	ISBN 978-7-5139-2618-8	
定　　价	42.00 元	

注：如有印、装质量问题，请与出版社联系。

进入投资领域，先要清楚自己的定位，才能有目标地学习投资方法。一般而言，学习证券价格图表的人主要有两种定位：一是分析师，二是操盘手。

如果你打算成为一名分析师，以投资分析为生，就需要学习各种市场分析方法，如基本面分析、技术分析等。这样你才能从各种角度分析市场情况，写好分析报告，为人们提供分析服务。现实生活中的许多分析师所做的工作，不是买卖股票，而是写分析报告，为人们提供咨询服务。

假如你决定成为一名操盘手，就应该学一些不一样的东西。你需要知道的是："买什么？怎么买？怎么卖？"分析师至多帮助人们解决"买什么"的问题，而你若想进行股票的实际投资，甚至以买卖股票为生，那么你不仅要解决"买什么"的问题，还要解决"怎么买""怎么卖"的问题，甚至还有更多的细节问题。本书的目的就是帮你解决这些问题。

本书没有过多地讲述如何分析股票价格，而将侧重点放在操盘方法以及交易系统的构建上，帮助读者建立起系统交易的思想：选择或打造一套操作系统，并按系统产生的信号进行操作。书中所讲的一整套短线操作方法，其实说起来只需要几百字就可以讲完，但是其中涉及的技术方法与细节问题写十本书都讲不完。

因此，为了更加简明地阐述，书中只择取其中最具实用性的某种方法用于本交易系统的搭建，比如，背离分析技术有各种各样的背离，但本书选择其中最简单的MACD指标背离，是为了更好地构建简洁的交易系统。又比如，缺口理论的各种缺口可以大篇幅地论述，但本书只讲述短线操盘意义比较大的突破缺口——纳入交易体系。再比如，背离中有顶背离与底背离，本书只讲述底背离技术构建交易策略。其他章节都是这样，不求全面，只求实用，化繁为简，从基本的操盘策略入手，逐步进阶到交易系统的设计、构建与应用。

本书的章节具体安排是这样的：

第一章，主要讲述短线操盘应该具备的基本理念，让读者对短线操盘有所认识，同时帮助投资者改正一些错误的短线操盘方法。

第二章、第三章、第四章，主要讲述行情研判的方法，对读者把握投资时机，提高操盘准确率具有极大帮助。

第五章、第六章、第七章，主要讲述强势个股的操盘策略，对读者抓大牛股、提高选股能力具有极为实用的价值。

第八章、第九章，主要讲述风险控制策略，帮助读者减少亏损、扩大盈利，切实地增强投资者的抗风险能力。

第十章，主要讲述交易系统的设计、开发与应用，帮助读者从系统角度梳理自己的交易，使每笔交易都能做到心中有底。

第十一章，主要讲述投资计划的制订与执行，帮助读者学会有计划地做投资，并灵活地使用交易系统。

整个章节安排，层层递进，由浅入深，相互联系，又彼此独立成篇。读者若有过股票投资的经历，可以有选择地阅读本书，相信会有感触。若是投资新手，你可以按照本书的方法进行操作，或者参考本书设计和构建自己的实战交易系统。本书将会带给你真正有价值的领悟。

目录

第十章　交易系统的开发与应用

第十一章　投资计划的制订与执行

第一章

树立正确的短线操盘理念

刚开始接触交易的人，常常觉得自己只缺一个方法，但其实缺的是正确的理念。理念不对，即便得到一流的方法，也无法盈利；相反，理念正确，即便没有得到任何方法，也能打造出属于自己的好方法。本章将讲述短线作手应具备的基本操盘理念。

少即是多

看长做短理念

只做强势股

概率思维

1 概率思维

进入股票市场做投资，必须对概率有所认识。短线操盘更是如此。然而市场中充斥着满脑子"这样做肯定赚大钱"的人，他们想方设法地寻找交易的圣杯，对市场价格的随机走势视而不见。他们对概率完全没有认识，总是在追求确定性，最终往往很难在市场中生存下去。

有些人听说某公司因涉嫌财务造假被有关部门调查，按照基本面分析来看，该公司的股票将大跌，于是将手里持有的该公司股票卖出。然而结果却出人意料，该公司股票第二天出现了大幅上涨的情况。有人就会怀疑人生："这股票有庄家操纵吧，有意作对？要不然那条消息是假消息？"从此便可能误入追踪庄家或揣摩消息真假的歧途。

听说均线突破买入的方法可以稳定盈利，于是根据这个方法买入股票，结果价格突然回抽，跌了下来，立刻就开始怀疑了——"不是说均线突破可以盈利吗？骗人的吧？"只好放弃这个方法，继续去寻找不骗人的方法。但找到另一个交易方法，仍然会遭遇打脸的情况，再次觉得被骗。

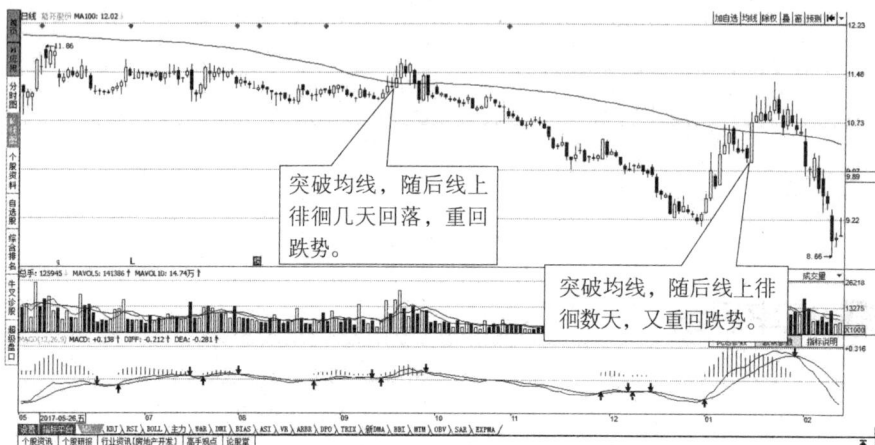

图1-1　首开股份日K线图

如图1-1所示，2017年9月19日，首开股份(600376)向上突破MA100均线，但在线上徘徊几天，随即回落，便迎来一轮下跌走势。

2018年1月16日，股价再次突破MA100均线，但并没有迎来随后的大涨，而是在线上震荡，再次大跌。

依据均线突破来买股票，那么这两次的操作结果便是十分不理想的。这能证明均线突破的方法没用吗？那么其他的方法呢，一定就有效吗？

事实上，无论你使用什么方法，市场上每天都在发生着这样频繁打脸的事儿。但是曾几何时，每当我们找到一个方法，便会尝试入场，被打脸后怀疑被骗，放弃方法再寻找，然后再尝试，再被打脸，再放弃……如此恶性循环，始终走在寻找交易圣杯的路上。这其实是确定性思维造成的恶果——总觉得存在一个方法可以买入即大赚。

然而这是不可能的。股票交易市场是个随机性市场，投资交易是与概率打交道的工作，与生活中的工作完全不同。现实生活中，我们做完工作就能领工资，甚至没有做好工作，只要在职就可以每月领工资，这是确定性的。但在股票市场上，你买了股票不等于赚钱，哪怕你按照某个好方法买，也不等于必赚。

股票市场中没有确定性，只有随机性。在这个地方生存要有概率思维，这样你就不会因为某次判断出错而难过。更重要的是，理解了概率，你就会在买入股票之前思考更加全面的策略。

一只股票出现了上涨的信号，可以买入它，同时你知道价格还有可能出现震荡，甚至可能会下跌，于是在买入之前你就会思考：价格上涨之后怎么做？价格出现震荡怎么做？价格出现下跌怎么做？这样整套策略出台，不仅可以帮助你解决慌乱不定的心态问题，让你心里有底，还能提高你的执行力。

能不能理解概率，不能只是嘴巴上说，还要看具体是如何做事的。一个人做事时有整套的计划，可以应对随时出现的各种情况。每当事情出现变化，都有替代方案。这是真的理解概率的人。

假如你打算投资股票，就要真正理解概率。特别是短线投资，频次比中线、长线要多得多，如此一来，在一段时间里，遭遇失败的可能性也会多起来，失败次数多了，很容易影响到心态，而一旦心态变坏，那么结果将会十分糟糕。而对概率深刻理解，便能制订整体的投资计划，应对好随时变化的市场，改善不良的心理状态。

实盘精要

当你刚刚学习到某种投资方法时，应该进行30次以上的模拟测试，以便全面地了解这种投资方法。记录每笔模拟交易的盈亏，并计算出该投资方法的准确率和盈亏比。同时，模拟测试能够发现该投资方法所适用的行情类别，这对优化投资方法具有重要作用。

2 只做强势股

短线投资只做强势股，这个理念非常重要。因为强势股的上涨概率更大。在股票市场中，经常听人说起顺势而为。但是真正能够做到顺势而为的人很少。对短线操盘而言，只做强势股，体现的就是顺势而为的投资原则。

没有人知道哪只股票会先涨，资金量大的机构投资者会在许多板块、个股上下注，分散投资风险，而短线投资者通常资金量比较小，资金无法覆盖各个板块。为了降低投资风险，最好的办法就是睁大眼睛，等待强势的股票出现，然后选择短线时机买入。

强势股票，包括龙头股、人气股、热点题材股。符合主流热点的新股市，往往是赚大钱的机会，其中往往会产生强势股。短线操盘硬干是不行的，只能借势、顺势，借力打力，四两拨千斤。及时跟踪市场主流热点，找到热点板块，抓出其中的强势股，顺势买入。

比如，证券板块是牛市的先锋队。牛市到来之前，往往证券板块先跑起来。其中往往会出现强势领涨的龙头股票。如中信证券、西部证券等。又如，2017年的市场热点锂电池板块中，数只强势股轮番上涨，经久不衰，成为短线投资者喜闻乐见的操盘目标。

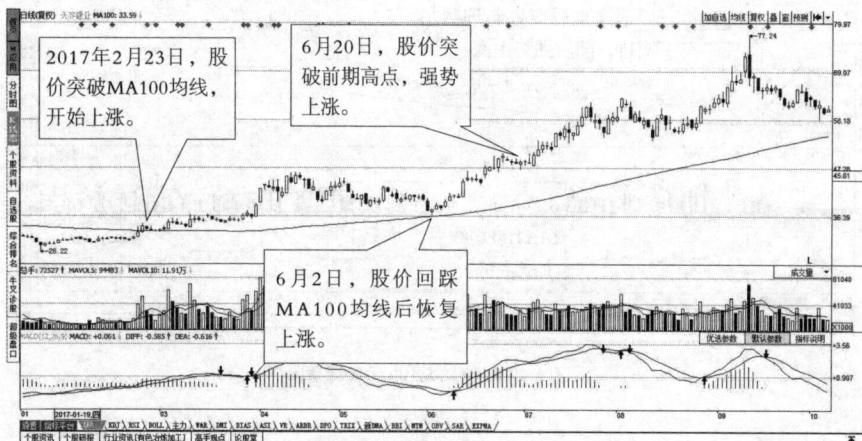

图1-2 天齐锂业日K线图

如图1-2所示，2017年2月23日，天齐锂业(002466)股价突破MA100均线，开始启动上涨趋势。

6月2日，回踩MA100均线后恢复上涨。

6月20日，股价突破前期高点，强势上涨。

针对如此流畅的走势，短线投资者可以从30分钟线或1小时线寻找买入时机，并制订相应的操盘计划。

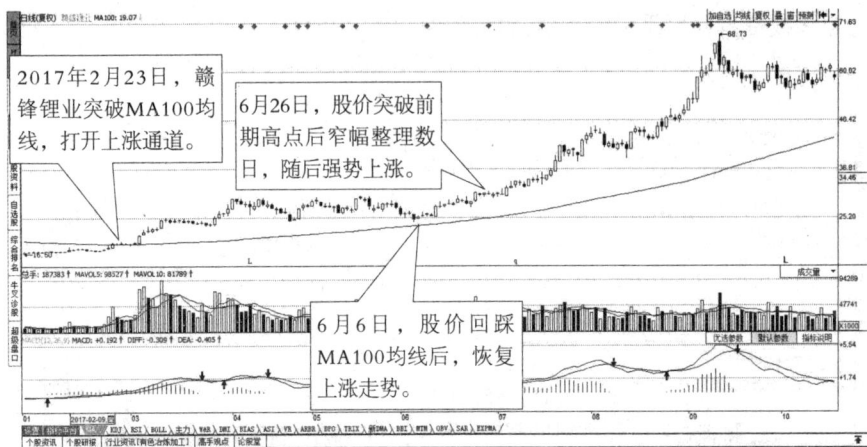

图1-3　赣锋锂业日K线图

如图1-3所示，2017年2月23日，赣锋锂业(002460)突破MA100均线，打开上涨通道，开始启动上涨趋势。

6月6日，股价回踩MA100均线后，恢复上涨走势。

6月26日，股价突破前期高点，窄幅整理数日，随后加速上涨，表现极为强势。

针对这种热点板块中走势流畅的强势个股，短线投资者可以从30分钟线或1小时线寻找买入时机，拟订相应的操盘计划。

赣锋锂业与天齐锂业的走势极为相似，算是锂电池板块中的双子星。在上涨过程中，两只股票都有过回踩MA100均线的走势，并且步调一致地步入升势。这两只股票不仅是短线投资者的绝佳目标，也是中线投资者的好目标。

在选择强势股时，短线投资者要考虑到股票价格上涨通道的稳定性，同时注意走势的流畅度，在此基础之上，选择走势更加凌厉一些的个股，这样才能保证短期内快速获利。那种慢腾腾地上涨的股票，虽然也不错，但获利需要较长的时间，属于中线持股的范畴。而涨势凌厉的个股，往往会有直线拉升的习惯。

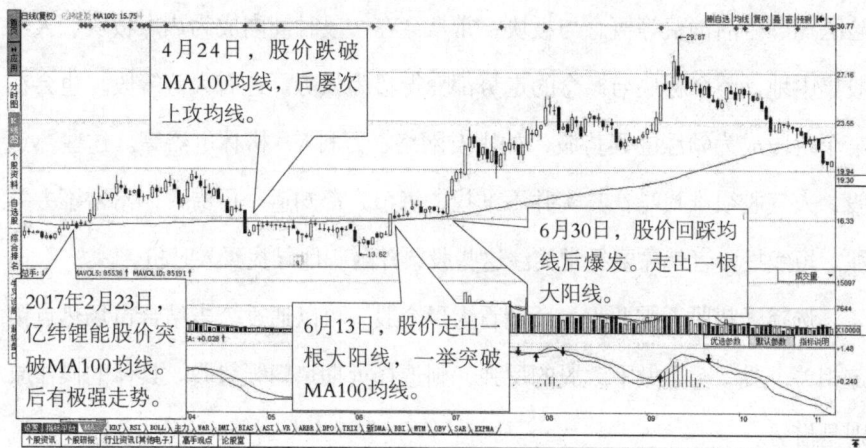

图1-4 亿纬锂能日K线图

如图1-4所示，2017年2月23日，亿纬锂能(300014)股价突破MA100均线，窄幅整理数日，突然直线上涨，走势极为凌厉。这种走势是短线操作的绝佳目标。

4月24日，股价跌破MA100均线后，不断触碰MA100均线，试图突破均线阻力。

6月13日，股价走出一根大阳线，一举突破MA100均线，恢复上涨趋势。随后又开始窄幅整理，回踩MA100均线。

6月30日，上涨趋势再次爆发，当日收盘，走出一根大阳线，加速上涨。走势极为凌厉。这种走势是短线操作的绝佳目标。

天齐锂业、赣锋锂业、亿纬锂能，这些都是锂电池板块里的强势股、大龙头。试问一下，如果你买的是这样的股票，那么短线操盘还会亏损连连吗？这就是只做强势股的理由。

除了锂电池之外，人工智能、石墨烯、新能源汽车、雄安概念股、保险医药、生活消费等概念与板块，常常会在一段时间内成为热点板块、人气股集中地，整个板块与概念的走势都变得极为强势。还有大蓝筹股，也会在某个阶段成为领涨的强势股，如用友网络、万科A、格林电器等。这些热点股、人气股很难找吗？其实并不难找，每个人都知道。可惜人们常常不去关注。短线投资者就需要经常关注这些股票并耐心地寻找买入时机。

选择强势股不需要收盘后翻看大量个股，可以通过公告结合市场热点锁定相关个股。至于做下跌股的反弹，则选择近期热门强势股。具体的操作原则是借势。

第一，借大盘的势：选择合适的出击时间，必须把握住大盘强势时间。短线高手通常会选择在大盘强势时买入，而在大盘跌势时减少操作，甚至不操作。有人说大盘趋势对短线客不重要，这是没有经历过"千股跌停"的岁月。

第二，借板块的势：必须认清热点板块，这样接力棒才能传得久、传得远，才能赚到钱。短线客就应该到最热的板块去选择股票，这样才能保证买盘力量的强劲。

第三，借形态的势：选择技术形态良好的个股。关于技术形态方面的知识和策略，我们会在后文一一涉及。

总而言之，只做强势股，才能保证高胜率。无论是短线追涨，还是短线博反弹，都应选择强势股进行操作。这不仅有利于资金安全，还有利于良好心态的培养。

实盘精要

　　建立强势股集中营。平时有目的地收集股票，跟踪强势股，等待时机买入。出现技术性破位不再强势的股票则删除。这样保持股票池里有十来只显强势的股票，就可以保证随时都有买入的目标，而不会盲目寻找目标，临时起意买入某只不熟悉的股票。

3 少即是多

在股票市场中无法赚钱，往往是因为一个"多"字。企图掌握更多更好的投资方法，四处拜师，各种尝试，五花八门，各种各样的方法都试过，不仅没有盈利，反而越来越乱，越来越迷茫。想得太多，做得太多，企图得到更多，往往是达成稳定盈利的阻碍。

有位朋友很早便进入股票市场，我亲眼见过他做股票日内T+0，摊薄价格成本，操盘手法很精准。但是他是一个好动的人。在熊市里还比较好，他老老实实做T。2014年A股进入牛市。开始的时候他赚了不少钱，然后心里就想多赚一点，于是四处追暴涨牛股，频频出击。

他说："假如我每天全仓买入一只股票，第二天赚5%~10%不等，就可以最大限度地让自己的资金翻倍。"想法非常好，但是结果并不理想。尽管这是牛市，80%的股票都会涨，甚至100%的股票都会涨，有大概率保证，但频繁交易让他没有太大收获。

牛市前半段，他追涨始终没有赚到什么钱，还亏了一点儿。这让他越来越焦虑，作战更加频繁了。等到他觉醒的时候，上证指数已经达到4800多点。他说："看这个架势，一定会涨到8000点的，唉，不追了，就买一只拿着吧，博一个大波段。"然后他买入了一只股票，结果这只股票始终在他的买入价上下浮动，直至大盘指数突破5000点。后来，我们都知道发生了什么……

这是发生在我们身边的事情。求多，求快，结果什么也没有落下。求多，未必就能得多。很多时候，那样做除了让人失去平常心之外，什么也得不到。反倒是那些做得少的，做得精的，能够赚到钱。"少"的内涵，其实是明确、清楚，不存在模棱两可。所以，不要总想着"多多益善"，而应转变自己的思维，以少为多。在股票投资过程中，以下几个方面尤其要注意"少"。

第一，机会方面：坚持一种方法，抓住属于你的机会，而非抓住所有的机会。市场上会有千千万万的机会，你不可能抓住所有的机会，只能抓住属于自己的机会。什么是属于自己的机会？就是你的交易系统框架下的机会。只有被你的交易系统界定的机会，才是属于你的。根据交易系统信号，寻找你的机会进行操作，以少为足，且莫贪多。

第二，指标方面：选择指标，尽量要少。很多人喜欢使用多种指标，他们觉得指标越多，判断行情就会越精准。但事实上并不是。指标就是用于买卖的标准。你认为标准是多好，还是少好呢？标准太多，往往会导致交易混乱。运用少量指标，才能带来最好的执行力，因为它是明确的。如果使用均线，则尽量使用大参数均线，这样可以降低交易频率，提高胜率。前面已经讲过。

第三，短线方面：坚持唯一的买卖点，没有更多买卖点。明确一个买点和一个卖点进行操作，不操作其他买卖点。比如，你决定在突破20日均线买入、跌破10日线卖出，那就根据这类买卖点建立操盘计划，而不用去管其他买卖点。做短线的交易频率比中线、长线要高很多，不能使用太复杂的判断系统，需要的是简单直接的方法，反复进行操作。太复杂了，就容易影响操作的一致性纪律。中线、长线不用始终盯市，有时可能会错过自己需要的买卖点，所以需要考虑在其他买卖点进场出场。而短线经常性看盘，不存在错过买卖点的问题，所以不用考虑其他买卖点。假如你错过买卖点，只能说明你的执行力有问题，不能说明买卖点无效。

对短线投资来说，"少即是多"的理念最容易被忽略。而实际上短线操盘需要更强的自控能力来控制自己的交易频次，简化自己的交易。让交易简单化，对我们构建清晰的交易系统具有十分重要的意义。

实盘精要

不要把短线投资搞得太复杂，特别是在建立系统、拟订计划时，务必简单、清晰，这样可以帮助我们提高执行力，也可以有效地降低风险。如果整个交易流程被你设计得很复杂，连你自己都反应不过来，到了盘中就会分析来分析去，很容易就会将原定的计划抛诸脑后。

4 看长做短理念

许多人热衷于短线投资，却对短线模式的认识存在偏颇，认定短线投资就是每天搞点儿蝇头小利。但实际上并不是这样的。有句话说得好："从远处着眼，从近处入手。"短线投资靠的是眼光，强调的是大视野、热点把握能力以及耐力、定力，只有把握主流题材大机会，才能赚到最具爆发性的短线上涨的利润。

所以短线投资者应该具有长远眼光，从远处着眼，从近处入手，建立"看长做短"的投资思路。有不少投资高手是基本面分析与技术分析相结合：以基本面分析看涨，以技术手段寻找时机入场。这其实就是"看长做短"思路的体现。而短线客则抓住近期内的"基本面"——热点、人气、强势，然后使用技术手段进场。这也是"看长做短"理念的体现。

例如，2017年4月1日，中共中央、国务院印发通知，决定设立河北雄安新区，一个全新的概念板块就此形成。清明节过去股市如期开盘，市场立马做出反应，相关股票轮番炒作，数只个股出现上涨翻倍行情。

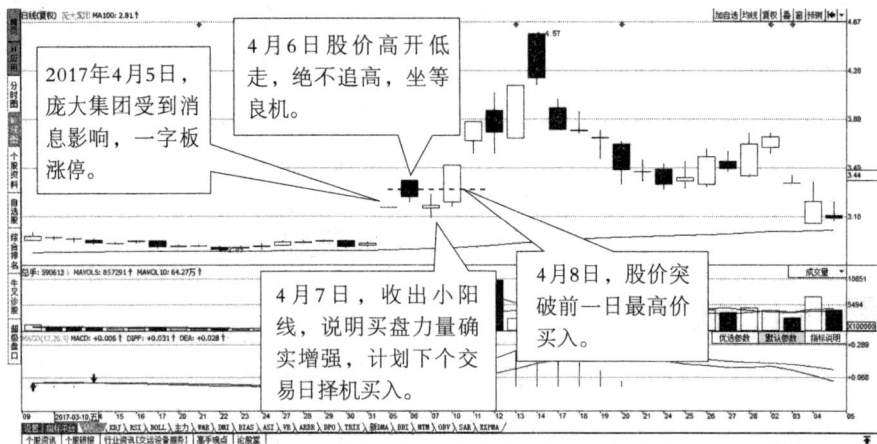

4月6日股价高开低走，绝不追高，坐等良机。

2017年4月5日，庞大集团受到消息影响，一字板涨停。

4月7日，收出小阳线，说明买盘力量确实增强，计划下个交易日择机买入。

4月8日，股价突破前一日最高价买入。

图1-5　庞大集团日K线图

如图1-5所示，庞大集团（601258）受到"设立雄安新区"的消息影响，出现了凌厉的上涨行情。2017年4月5日，股价一字板涨停。

4月6日，高开随后下跌，买盘力量不足，不买。

4月7日，股价低开低走，后市价格开始反弹，买盘力量增强，但不建议当天买入，预防第二天继续跳空走低。不过，当天最后收出一根小阳线，说明买盘力量确实明显增强。此时计划第二天突破买入。

4月8日，股价略微跳高开盘，随后上涨并突破前一日最高价。买入，并以前一日的最低点为止损。之后的几天，只要股价上攻，便选择高价位减一部分仓位。

仅从技术层面上来说，"大周期看涨、小周期买入"也是"看长做短"理念的体现。先在日线上判断上涨趋势，然后打开30分钟或1小时周期密切关注，同时制订相应的操盘计划。通常来说，日K线上判断上涨，小时线上则可以选择突破关键价位进场。

就实际操盘来说，通过均线的操作就完全可以运用"看长做短"理念进行实际操作。例如，建立简单的"周线MA20+日线MA20"系统：首先选择在周K线图上突破MA20均线的股票，然后在日K线图上突破MA20均线时买入。

假如对于大小周期与均线之间的关系有所了解，其实还可以将策略更加简化。细心的读者已经发现，周线上的MA20均线其实就相当于日线上的MA100均线。所以这套"周线MA20看涨、日线MA20进场"的均线系统，完全可以换成更加简单的策略：日线MA100看涨+日线MA20进场。对不愿频繁切换周期的人来说，这样做更简洁，没有那么繁复。

图1-6 万里股份日K线图

如图1-6所示，2018年5月10日，万里股份（600847）突破MA100均线，股票看涨。后市回落，密切跟踪。

5月31日，突然爆发收出一根放量大阳线，走势凌厉，直指MA20均线，预示买盘力量强劲。此时可以计划第二天突破MA20均线买入。

6月1日，股价跳空突破MA20均线，顺利买入。

从技术操作来看，"周线MA20+日线MA20"系统与"日线MA100+日线MA20"系统没有任何区别。不过，笔者更加习惯使用双周期的方法来操作股票，这样感觉更有节奏和条理性：首先，通过周线MA20选择股票；然后，日线上跟踪价格突破MA20买入。当然，这只是个人的习惯和感觉问题，实际操作与"日线MA100+日线MA20"系统是一样的。

总而言之，短线投资不能只看一两天的价格变化，一定要有大视野、大格局。如果你不愿意切换周期，那么在小周期上尽量使用大参数的均线吧。越小的周期，需要参数越大的均线，这样才能更准确地把握趋势。很多人始终不能理解"看长做短"，其实还是视野不开阔、格局不够大的缘故。高胜率的短线操盘客都懂得在小周期上放大均线参数的道理。

实盘精要

要让自己的投资具有清晰的条理，步骤分明，这样才能避免混乱的操作。看长做短，表面上看起来很简单，其实内里蕴含了条理分明的思想逻辑。它将一股脑的买入分解成了两个清楚的步骤：选股和入场。看长，本质上还是选股；做短，指的是买入。

第二章

行情研判（1）：走势跟踪

本章主要讲述如何分析价格走势——趋势、震荡以及拐点突破，解读价格走势的内部结构，帮助读者掌握基本的行情研判技术。

震荡分析

高低点突破买入法

趋势判断

预判与跟踪

1 预判与跟踪

当我们进行投资时，首先需要做的一件事就是方向的预判，然后根据预判的方向制订相应的进场与出场计划。如果没有方向的预判，是无法进行交易的。但许多投资大师都说，价格是无法预测的。投资大师没有说错，价格确实无法预测。这似乎很矛盾。

这实际上是一个投资的悖论。价格无法预测，但进行实际交易时，我们必须先对价格进行预判。当某只股票大幅跌落到某个价位时，价值投资者根据市场宏观形势与该股票的基本面分析，判断该股票价值低估，便开始买入，等待价值修复；当某个产业拥有良好的发展前景，价值投资者则会选择其中优秀的企业作为投资目标，买入其股票，等待价值成长。这其实都是预测。

无法预测的意思是经常预测不准。而有必要预测，是为了判断方向、制订投资计划。无论是价值投资者，还是短线投资者，都无法预测而又离不开预测。有了基本的方向判断，我们才能进行投资规划：事如所愿怎么做，事与愿违又该怎么做。这就是投资的奥秘。

笔者经常在日线图上使用MA100均线来选股。这其实就是一个方向判断的问题。个人认为日线图上刚刚突破MA100均线的股票，面临趋势拐点的问题。日线图上站稳MA100均线的股票（也就是周线站稳MA20均线的股票），则有可能在近期内成为强势股。当然，这都是基于个人交易系统的认识而做出了预测性判断，不代表必定会强势上涨，只是上涨的可能性比较大。

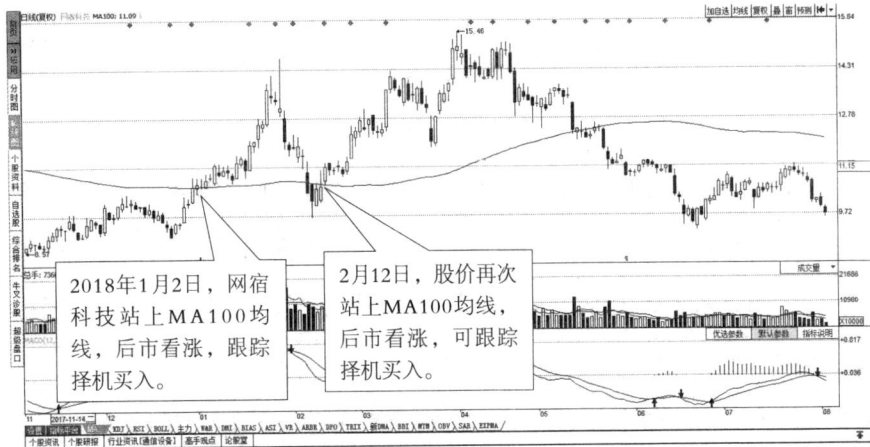

图2-1 网宿科技周K线图

如图2-1所示，2018年1月2日，网宿科技（300017）站在MA100均线之上，此时可以密切关注。后市可以切换到小周期中做短线操作，可以获得不菲的短线利润。

2月6日，股价跌破MA100均线。

2月12日，股价再次站上MA100均线。后市可以切换到小周期做短线操作，斩获短线利润。

一般来说，触碰或站上MA100均线的股票，笔者会密切关注，制订相应的操作计划，博取短线操作的利润。当然，并不是每只破MA100均线的股票都能有很好的收获。这就与概率有关了。参看前面有关概率的章节，便可以看到连续失败的案例。想要提高准确率，还需要结合其他一些方法，后面我们会一一讲到。

不论如何，选择刚刚突破MA100均线的股票建立一个股票池，然后在日线上进行跟踪观察，这可以帮助我们学会选股，理解选股思路。如果觉得MA100均线上的股票不够强势，那就调大均线参数，可以做更大参数的股票。其实选股不难，预判方向也不难，难的是跟踪行情。

跟踪行情就是耐心等待交易时机出现，但缺乏耐心是许多股票投资者的通病，尤其是一些短线新手。每个前来做短线的人，心里都有"买入就涨""每天一个涨停板""快速赚钱"之类的念头，所以在操盘过程中表现很急。别说让他跟踪数只股票，即使让他跟踪一只股票，他也很难做到。

而事实上行情持续性跟踪是短线操盘手的基本工作，行情跟踪多了，对行情方向的预判有很大益处。即便通过财务指标、技术指标筛选出相应的股票，短线股票作手也需要通过跟踪行情来找到买入时机。

选股、预判、跟踪，并不意味着一定要买。跟踪行情后发现好的买入点才能买入，如果没有符合自己的交易系统的点位，那就不要进场。应该清楚地知道一点：没有什么股票是必须买的。从本质上来说，短线投资的不是股票，而是时机。

实盘精要

行情是不可预测的，但为了有计划地买入，我们需要预判价格走势。所谓预判走势，其实就是假设走势，然后我们制订相应的计划。这就好像打仗，事先规划好兵力部署和对策，这样才能有条理地执行。

2 趋势判断

短线操盘中，趋势很重要。特别是在大周期判断方向、选择强势股的过程中，趋势的判断是必需的。关于判断趋势的方法，图表技术分析的书籍已经有许多论述，最常用的就是画趋势线。很多人都会画趋势线，这是判断趋势最简单的方法。如果你还不会，那么赶快学会它，其实并不难。

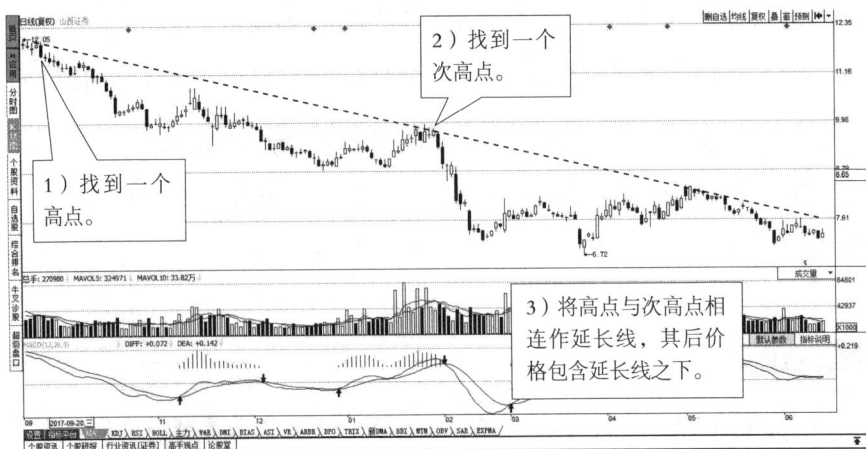

图2-2　下降趋势线画法

笔者在本书中主要用到的是下降趋势线，目的是观察价格反转，寻找拐点，做突破性的买入，所以不讲述上升趋势线。下降趋势线的画法非常简单，如图2-2所示，高点与次高点相连，并做出延长线，将整个价格走势都包含在下降趋势线之下。

我们可以通过下降趋势线来寻找价格走势的拐点，判断下跌趋势是否结束，这是很好的方法。一旦该趋势线被突破，则可以考虑买入计划。当大周期上已经确认上升趋势时，我们则可以执行买入计划。

很多人总是觉得趋势线画不好，其实不用画趋势线也可以，使用常用指标均线，就可以替代趋势线。如图2-3所示，在这波下跌走势当中，MA100均线起到了与趋势线相同的作用。那么是否每个地方的趋势线都与MA100吻合呢？显然不可能。

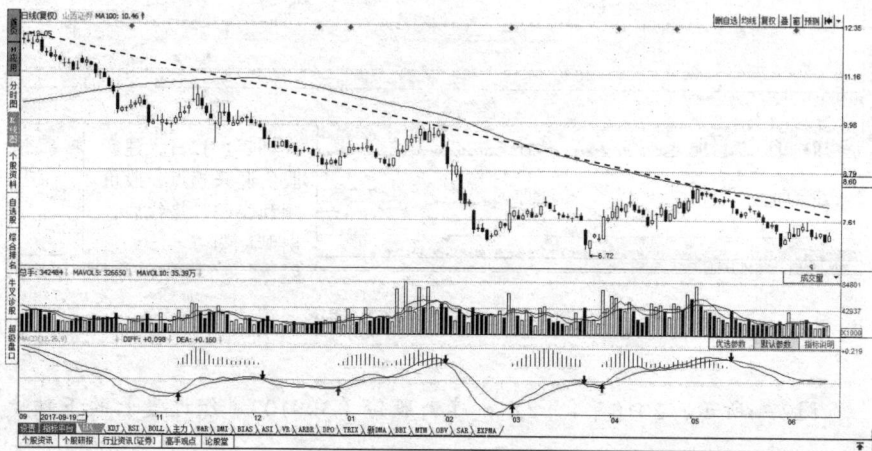

图2-3　趋势线与均线

随着波动幅度的高低，改变趋势线的斜度。而使用均线作为趋势线，则要注意根据相应的情况使用不同的均线：在快速上涨或下跌的情况下，使用短期均线作为趋势线，判断价格趋势是否结束；而在稳步缓慢上涨或下跌的走势中，则使用长期均线作为趋势线。

当然，也可以固定使用一条均线来判断趋势。比如，有的人在MA60均线之下不做多，也有的人在MA144均线之下不做多，还有的人使用MA120均线。不过，笔者认为，固定使用一条均线，同时结合趋势线，效果会更好。笔者常用MA100均线来判断趋势，通常只买入价格运行在MA100均线之上的股票。如果有哪只股票价格接近或刚刚突破MA100均线，便会密切关注，同时习惯性地寻找入场点以及安全的止损点，制订相应的操盘计划。

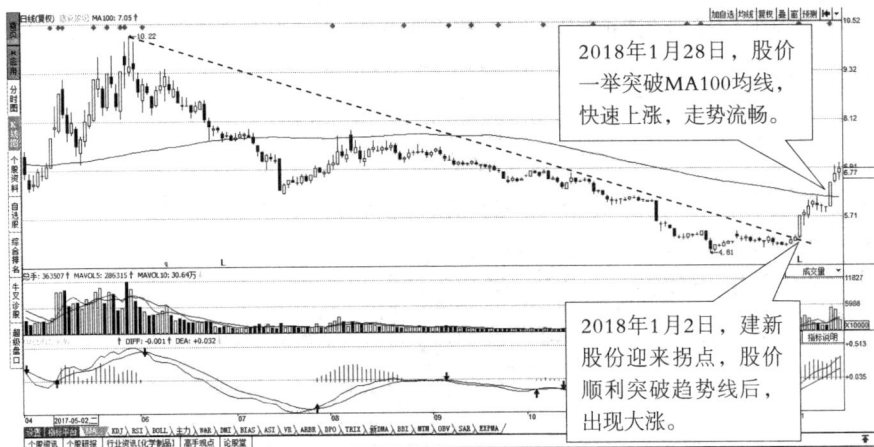

图2-4　建新股份日K线图

图2-4所示，2018年1月2日，建新股份（300107）经过漫长的下跌走势，终于迎来拐点，突破趋势线。随后，股价直线拔升。

1月28日，收出一根大阳线，一举突破MA100均线，打开上升通道，表明趋势已经发生根本性质的改变，可以尝试买入。

该股随后的走势，投资者可以自行查询，证明这次趋势拐点判断是正确的，整个上涨的图形很优美，有这样走势的股票是短线操盘客最喜欢的目标。

使用固定均线+趋势线来判断趋势拐点的好处，就是让交易变得更加简单、清楚。同时，根据某条固定均线来操盘，有利于理清操盘思路和拟订清晰的投资计划。当然，也有人可以灵活使用不同均线来判断趋势。不过，对新手来说，还是建议先学会使用一条均线。懂得了一条均线的运用，其实也不需要其他更多均线。

经常听人说有时候会感觉看不懂行情，不知道趋势怎么走。这种思维反映了他想要主观判断行情，这就将事情复杂化了。其实根本不用那么复杂，我们不需要看懂行情，只需要按照K线与均线的位置关系来判断，然后制订投资计划、下单执行就可以了。如果你不打算画趋势线，那么利用一条均线同样可以清晰地判断当前的趋势。

实盘精要

趋势判断其实很简单。一条简单的趋势线或均线就可以做得很好了。所以，不要执迷于寻找神奇的指标和线。线不神奇，指标也不神奇，神奇的是你的心态和执行力。运用之妙，存乎一心。能不能赚到，取决于你能不能领悟，能不能做到。

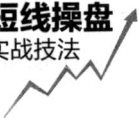

3 震荡分析

很多时候，股价突破趋势线后，没有迎来反转，而是在一定区间内来回循环，这就是震荡。有趋势必然是有震荡的，二者是相对的。小周期上的趋势，从大周期上来看则是震荡。所以，离开确定的周期没有办法分辨趋势和震荡。

人们总是期待买入即上涨。然而事实往往不如人意。震荡的出现，给市场走势带来了莫大的变数。趋势具有节奏感，股价通常在趋势线上方或下方运行。而震荡则忽高忽低，股价频繁地来回穿越趋势线。在这样的走势中入场，对短线投资者是非常不利的。这就要求我们在震荡走势中尽量减少操作，等待走势明朗，出现较为明确的向上趋势时再考虑入场计划。

为了研究更加方便，在此做一个简单的定义：新低又新高或新高又新低后形成的一块区域，股价在较长的一段时间内在这块区域来回运行，就是震荡区间。我们可以通过震荡区间来研究价格走势，如图2-5所示，首先，可以找到近期的新高点和新低点，然后，做出震荡区间，接着可以观察震荡区间内部的价格走势伸缩状态，借此来研究价格的走向。

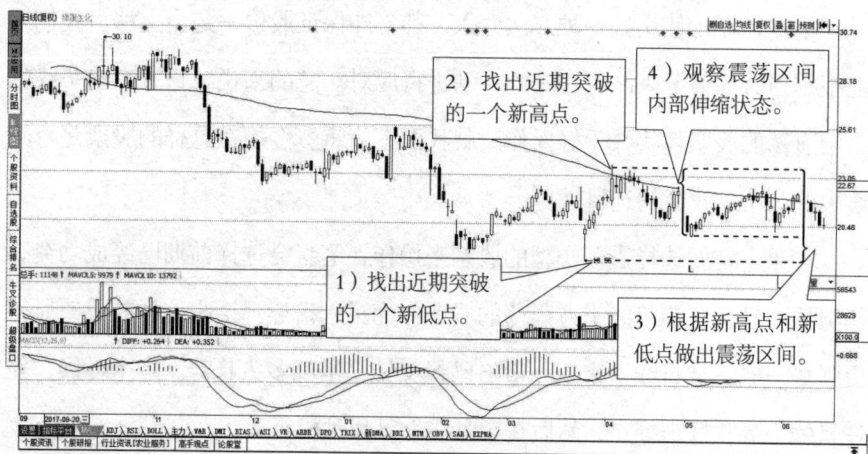

图2-5 震荡区间

在图2-5中根据新低点和新高点做出的震荡区间，范围比较大，但观察震荡区间内部的价格形态，可以看到价格走势有明显的收缩迹象，一般来说，出现这样的情况，表明随后可能出现快速大跌或快速上涨的走势。此股之前的表现弱势明显，所以随后出现快速下跌走势的概率比较大。

针对这样的股票，当下不必着急，选择观望即可，等待其升破震荡区间，走出第一波上涨势头，再考虑进场计划。

总的来说，短线客不宜参与震荡态势的股票。当然，这并不代表震荡的股票就不能做。可以选择在区间中点位置轻仓介入，止损放在区间下方，这样做的好处就是可以减少频繁止损的问题，缺点也很明显，就是持仓时间比较长。不过，因为是轻仓，所以占用资金有限，并且即便止损，幅度也比较小。

也可以选择区间突破介入，止损放在前低下方，这样做的好处是持仓时间短，可以快速见到胜负，缺点是很容易扫掉止损，因为区间震荡的特点就是时高时低。假如放大止损，亏损会比较大。

不过，无论使用哪一种方法介入，都不能保证股价一定会上涨。我们只能根据当时的情况来制订相应的计划进行应对。总的来说，这种在趋势线上来回震荡的股票其实并不好操作。就我而言，将资金投在这样的股票是得不偿失的。所以我会另选目标。

如果一定要选择震荡类型的股票来操作，笔者会选择前期已经成功突破趋势线，且仍在趋势线上方震荡的股票作为买入目标。至少这样的股票显得更强势一些。从日线上来说，价格已经反转，呈现多头趋势。这个时候，先在日线上寻找好止损点，然后在小时线上寻找时机买入。

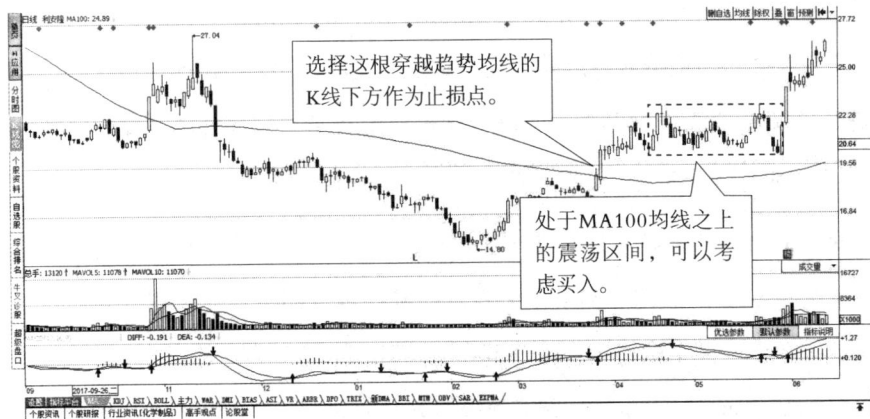

> 选择这根穿越趋势均线的
> K线下方作为止损点。

> 处于MA100均线之上
> 的震荡区间，可以考
> 虑买入。

图2-6　利安隆日K线图

图2-6所示，2018年3月28日，利安隆股价突破均线MA100之后，开始出现震荡态势，震荡区间不大。当即选择3月28日大阳线的底端为止损点，构建操盘计划。

当时拟订两个计划：第一个计划是在日线上等待突破震荡高点买入，第二个计划是在小时线上利用MA100买入。两个计划难以取舍，于是决定两者结合。

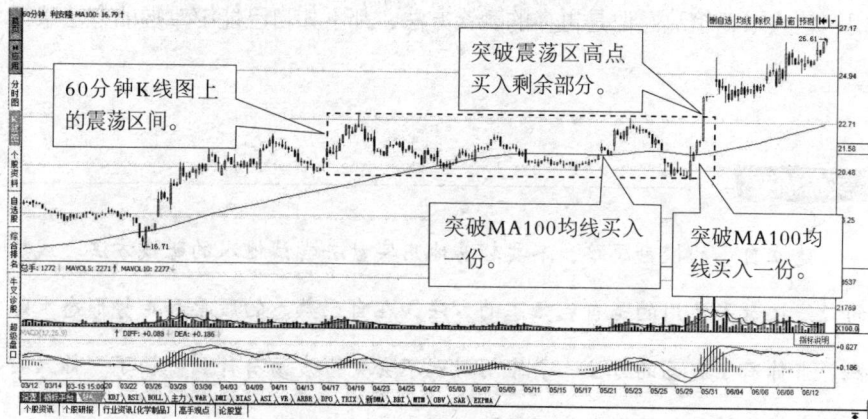

图2-7 利安隆60分钟K线图

图2-7所示，等待日K线突破震荡高点过程中，先打开60分K线图，将用于突破买入的资金分成4等份，然后用MA100均线每突破一次买入一份，止损都设在日线确定的止损点上。当股价突破震荡区间高点时，买入剩下的份额，并设置新止损点。

操盘结果：MA100突破买入两次，共两份；突破区间高点买入剩余份额两份。然后静待价格行走。如果运气好，可以赚到大钱；如果运气不好，亏损则是可以预见的小亏。

大周期上的震荡，最好到小周期上操作。而本周期内，只有在趋势均线之上的震荡比较有操作意义。对笔者而言，在MA100均线之上的震荡行情才会考虑进场计划。至于仍然来回穿梭在MA100均线的震荡行情，实在太弱势了，不符合短线操盘的理念，所以只能置之不理了。

当然，也有一些短线客热衷于交易那种弱势的震荡形态，并且也能获得很好的收益。对此，也只能表示佩服。市场上赚钱的方法太多了，五花八门，让人眼花缭乱。但是再多的赚钱方法，都不如自己能够掌握的方法来得实在。

实盘精要

建立自己的操盘思路，不要轻易地用实盘去尝试他人的赚钱方法。成熟的短线操盘手使用的是自己熟悉的方法，在自己熟悉的股票和走势形态上赚钱。当你有了自己的方法，看市场时就不会觉得震荡有什么可怕了。你只要选择自己能够把握的形态就可以了。

4 高低点突破买入法

一百多年前，道氏理论用高低点定义趋势和震荡，可谓简便至极。创新高就是升势，创新低就是跌势，不创新高新低就是震荡。简而言之，只要确定高低点，不管行情怎么走，利用高低点来进行防守和进攻即可。

根据高低点的趋势变动原理，得出市场中最基础的也是最本质的结构：123结构。低位123结构当中，1和3为低点，2为高点，低点3比低点1高；高位123结构当中，1和3为高点，2为低点，高点3比高点1低。（如图2-8所示）

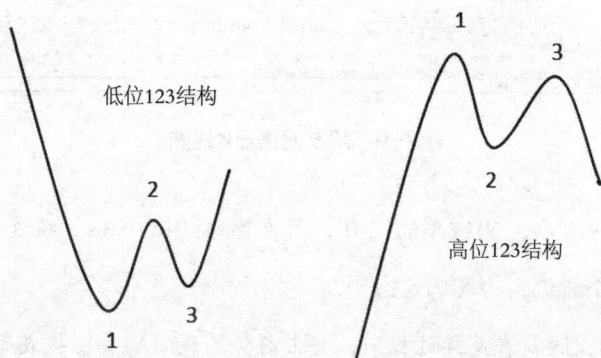

图2-8　低位123结构与高位123结构

简单来说，低位123结构即下跌趋势不再创新低，高位123结构即上升趋势不再创新高，意味着拐点可能出现了。根据高低点的研究，结合前面趋势线的分析，我们发现趋势变动通常需要具备三个条件：第一，趋势线必须被突破；第二，上升趋势不再创新高或下跌趋势不再创新低；第三，价格突破高点2或低点2。

由此，我们可以建立起一个低位123结构与趋势线（均线）相结合的买入系统：以突破位置2为入场点，以位置3为止损点。有人会说："这样简单的系统，会有用吗？"当然有用，假如能够根据这个系统做好了，同样是可以获利的。

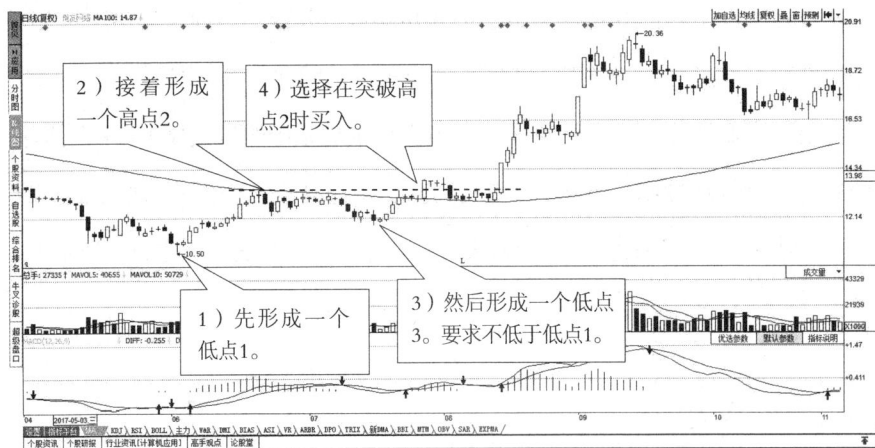

图2-9　用友网络日K线图

如图2-9所示，2017年6月2日，用友网络（600588）经过一波下跌走势，创出一个新低，构成低点1。

6月21日，股价在反弹过程中，突击趋势均线MA100，构成高点2。

7月17日，股价下落后，构成低点3。

至此，低位123结构形成。随后，恢复上涨，以强有力的买盘再次对MA100均线发起冲击。

7月27日，股价一举突破MA100均线，同时突破前期高点2。随后，股价进行数日的整理，接着快速大幅上攻。

若根据低位123结构制订投资计划，则可以在突破高点2的位置买入，并以低点3为止损防守位，博取后市的短线利润。

利用低位123结构进行交易，可谓攻守兼备。在应用该系统时，也十分灵活。如果买入的仓位较小，可以选择低点3作为防守位，也可以选择低点1作为防守位；如果买入的仓位较大，下破低点3减仓一半，下破低点1止损另一半。

任何方法都是有风险的，必须讲求概率。123结构也并不是百分百有效。在实际操盘的过程中，经常遇到震荡的情况，股价往往下破低点3，却不下破低点1。就算是经验丰富的操盘手，也常常被止损到无语。

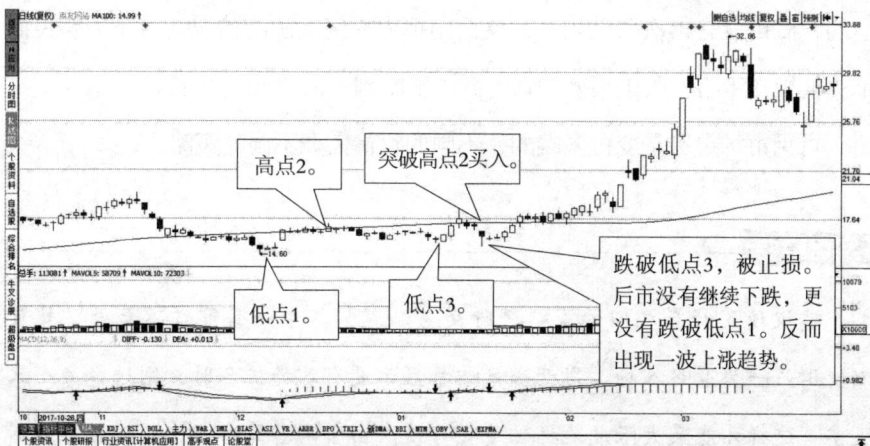

图2-10 用友网络日K线图

如图2-10所示，2017年12月6日，用友网络（600588）经过一波跌势收出小阴线，创出新低，构成了一个低点1。

12月9日，股价升破MA100均线，构成了一个高点2。

2018年1月9日，股价在回落过程中，构成了一个低点3。

1月12日，股价突破MA100均线，同时突破前期高点2。买入。

1月17日，股价跌破防守低点3。止损。

然而，随后股价没有跌破低点1，而是恢复上涨，再次突破并站稳MA100均线，并且略做调整便开始快速大幅上攻。

很显然，并不是所有地方都适合使用低位123结构。就像图2-10上面所看到的那样，常常一个震荡止损出局，就把一个大幅上涨的好机会浪费了。不过，在应用"低位123结构"系统操盘止损之后，可以再次使用MA100均线，重新制订投资计划，再次买入。

当然，再次跟进，不能保证后市必然会上涨，或许后市可能出现震荡，再次跌破MA100均线。不过，在上面这个例子当中，这样跟进买入是非常幸运的，后市没有再次跌破均线，反而出现大幅度上涨的情况。若是能够灵活地更换操作策略，跟进买入的话，就能够吃到一波不菲的利润。

可见市场走势是变化多端的，不同的行情需要不同的策略。

实盘精要

建议使用两套相似的策略进行交易。假如其中一套策略不奏效，就可以使用另一套策略入场。当两套策略都显示没有入场机会时，则选择另一只股票。这样才能最大限度地抓住重要行情。由于两套策略相似，止损位差不多，也可以避免出现大的损失。

第三章

行情研判（2）：动能研究

本章主要讲述价格推动力的知识——阻力与支撑、背离与突破，帮助读者理解市场买卖双方的力量变化，使得读者对价格走势有更加深入的理解。

底背离

底背离双突破买入法

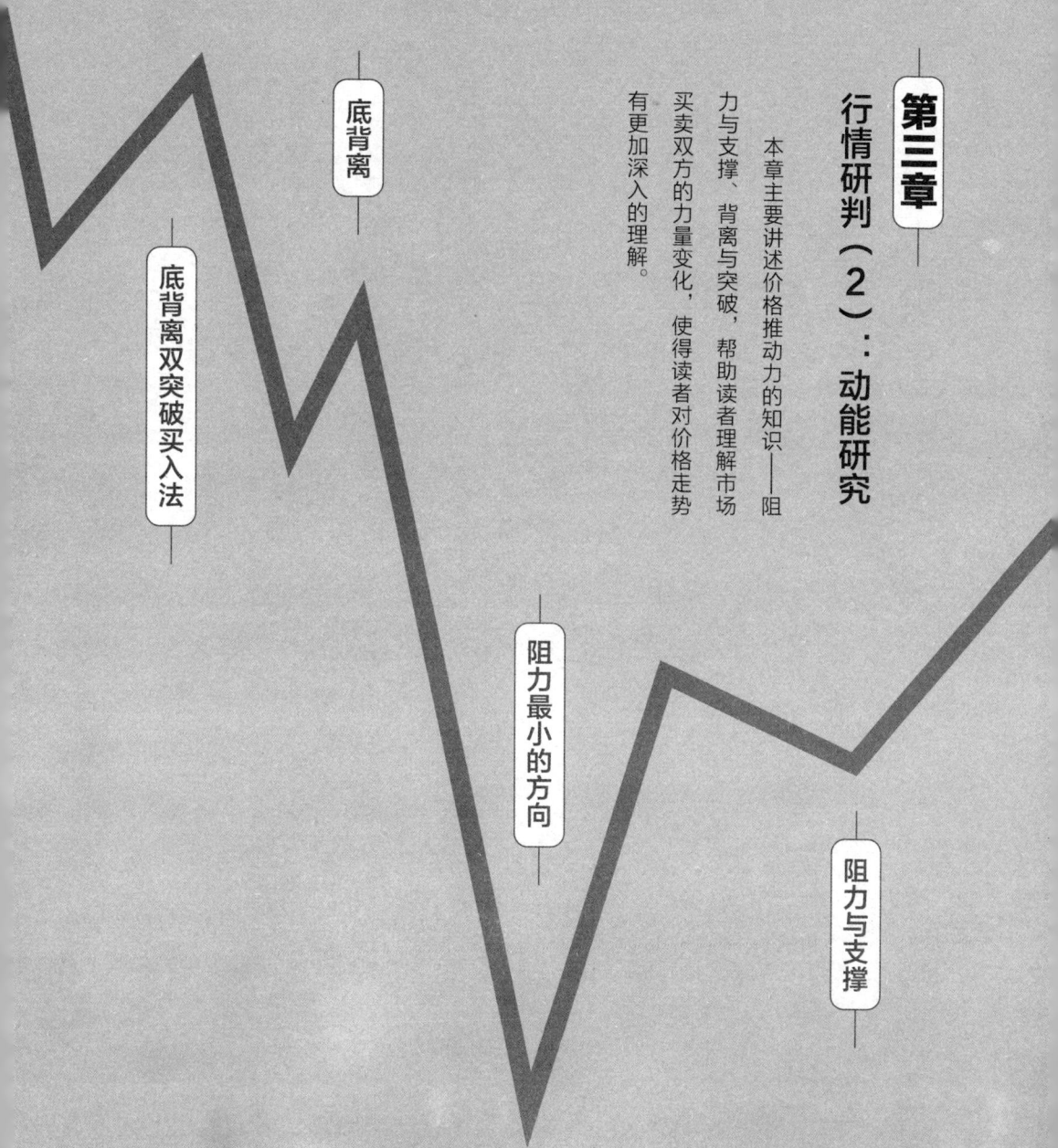

阻力最小的方向

阻力与支撑

1 阻力与支撑

在股票交易中，阻力与支撑是运用广泛的技术概念。买过股票的人几乎都知道阻力和支撑，不过真正能够用好阻力与支撑的人却并不多，这是因为人们对这套理论的理解存在一些问题。

让我们先来看看阻力和支撑的基本形态，如图3-1所示。

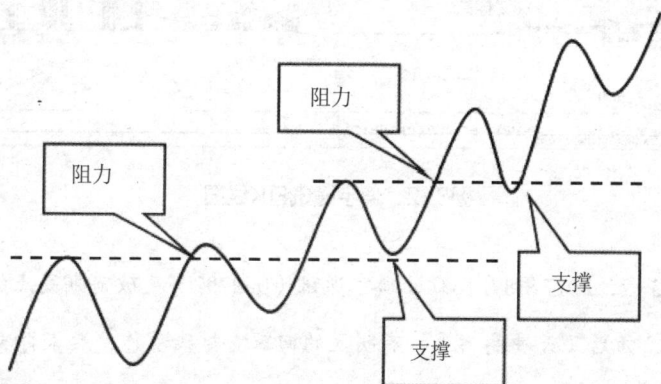

图3-1 阻力与支撑

正如我们所看到的，在这波N字形的上涨趋势中，市场走高随后出现回落，随之形成了高点。

当价格回落之后再次恢复上涨走势时，走到前面高点的位置，便形成阻力。

当价格突破阻力位置继续上涨，然后价格回落，之前的阻力位高点就变成了支撑。

价格的阻力和支撑都是随着市场的走势不断变动的。阻力被突破就变成了支撑，同理，支撑被突破也会变成阻力。了解了这些简单的知识，其实就可以参与交易了。

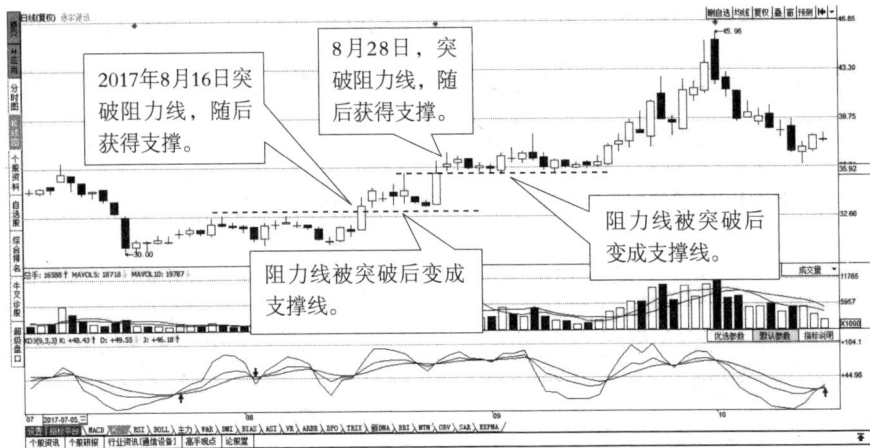

图3-2　通宇通讯日K线图

如图3-2，2017年8月16日，通宇通讯（002792）突破前期高点的阻力，获得支撑。随后几天冲高回落，有明显的回踩支撑线动作，后市再次上攻。

8月28日，突破新高点的阻力，再次获得支撑。随后连续多个交易日，价格都在支撑线上进行较长时间的整理。

9月18日，价格再次上攻。

面对这样的股票，我们可以分批买入：突破阻力轻仓介入，回调到支撑线附近再买入一部分。对风险很敏感的人，可以不做阻力突破，只在价格回落到支撑线附近买入即可。

使用阻力线和支撑线时，有一点需要特别注意：阻力和支撑不是具体的某一数字。很多时候，我们看到阻力和支撑位似乎将被突破了，但是不久发现市场只是在测试上述价格，或者可以说是"假突破"。假如将阻力和支撑认定为一个价格点，那么就很容易被市场欺骗。

除了通过高低点画出的支撑线和阻力线外，我们经常使用的均线，也具有支撑与阻力的作用，事实上均线的支撑与阻力是实际操盘时最为实用的行情研判手段。

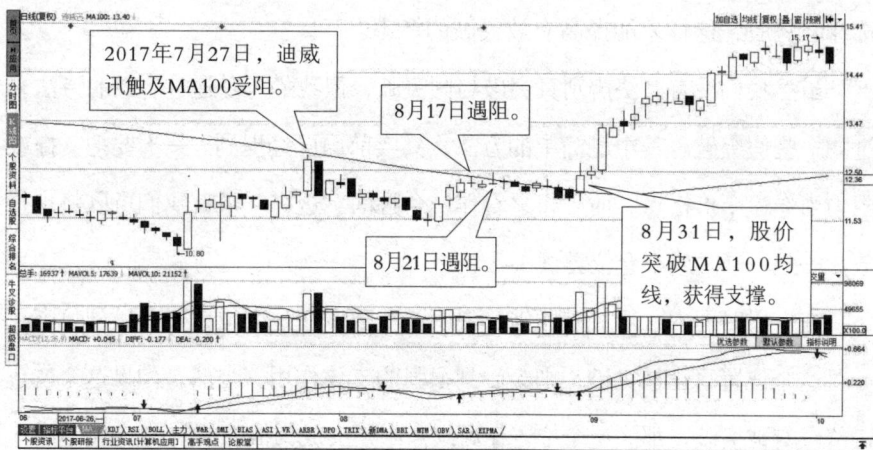

图3-3 迪威讯日K线图

如图3-3所示，2017年7月27日，迪威讯（300167）上涨时在MA100均线下遇到阻力，随即大幅回落。

8月17日，股价上涨时在MA100均线下遇阻。

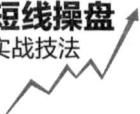

8月21日，股价突击MA100均线，遇阻回落。

8月31日，股价突破MA100均线获得支撑，随后迎来一波不小的涨幅。

从概率上看，并不是每次突破阻力，股价都能够站住均线支撑线。在实际操盘过程中，经常会遇到无法站住支撑的情况。也就是前面所谓的假突破的情况。那么，我们有没有办法得知支撑或阻力位是否真正被突破呢？

答案是：没有办法。这个时候，我们只能拟订投资计划去拼一把。这就是概率的问题。有的人认为，如果市场收盘能够穿过阻力线或支撑线，就表示阻力位或支撑位被真正突破。但是在实际操盘过程中，你将发现并不是这样的，很有可能假突破的次数比真突破还要多一些呢。所以，尽量选择强势股，这样才能提高有效突破的概率。

虽然我们没有办法辨别真突破与假突破，但我们可以通过有效的方法来过滤一些假突破。其中最简单的方法，其实前面已经提到——不要把支撑或阻力当作一个价格点，而应将之看作一个区间。这样一来，我们可以将止损放大一些，同时放小仓位尝试买入。

在一段时间内，假突破频繁，说明买卖双方在这个位置展开激烈争夺，一旦这个位置真正被突破，则会受到很强的支撑作用。当然，如果这个位置最终没有被突破，那么这个位置在后续当中则会成为很强的阻力。

当某一阻力或支撑位被突破时，突破行情走势取决于阻力或支撑位之前的强弱程度。所以，我们可以在突破之前通过图表上的价格形态掌握买卖双方的力量变化，这对于我们的短线操作具有非常重要的指导意义。

实盘精要

　　买入点一般有两个：阻力线突破位置是一个买入点，股价回踩的支撑位置是一个买入点。在实际操盘过程中，通常都使用这两个买入点进场。当突破买入点进场之后，要特别关注支撑位，支撑位不仅可以作为止损位，还可以作为加仓位。

② 阻力最小的方向

著名投机大师利文斯顿·利弗莫说过："价格总是沿着阻力最小的方向前进。"相信很多人都听说过这句话，但是并没有几个人明白这句话是什么意思。

从支撑与阻力的角度来看，可以这样理解：当一只股票的价格突破了重要的阻力位或者支撑位时，表明向上或者向下的通道打开，也就意味着有可能展开向上或向下的大行情。

这是最明确的理解，也是最具有操作性的理解。我们在实战过程中，必须让每一个概念都清晰可见，而不能含糊不清，否则便不利于我们的操作规划。

基于这样的理解，就上升趋势来说，在股票价格突破重要阻力位之后，阻力最小的方向就是上升，任何回调下破毫无疑问会遭到更大的阻力，明白这个道理，在实际操盘过程中，我们就需要寻找适当的支撑位，把它作为我们的防守节点或入场点。

用我的系统来说，在MA100均线之上，阻力最小的方向就是上涨，而阻力最大的方向就是下跌，这时就需要寻找合适的支撑位置来作为防守止损点、入场点或加仓点。

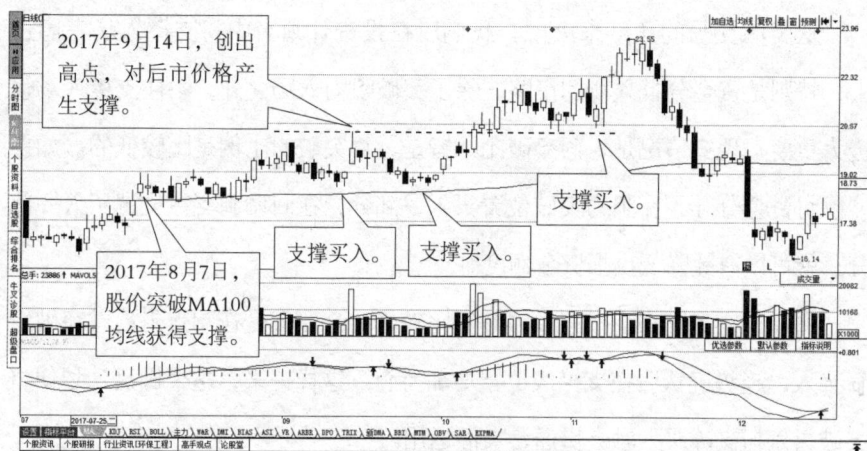

图3-4　迪森股份日K线图

如图3-4所示，2017年8月7日，迪森股份（300335）突破MA100均线后，便获得了该均线支撑，可以在股价回落到均线附近时买入。

9月14日，股价冲高，形成一个高点，随后回落。

10月13日，股价上涨，突破前期的高点。此时以前期高点为支点做一条支撑线。后市股价回到支撑位，可以买入或加仓。

所谓阻力最小的方向，其实就是趋势方向。难点在于对趋势的判断。而我们之前已经讲过，通过简单的均线或趋势线，就可以预判趋势方向。一旦预判出了趋势方向，阻力最小的方向自然就明确了。这个时候，我们只需要寻找自然的支撑点来作为防守支点或入场点就可以了。

进入交易市场的许多人都听说过这句话："上升趋势看支撑，下降趋势看阻力。"习惯做向上突破的人可能对支撑不太敏感，但利用好支撑线，其

实可以增强我们的风险抵御能力。你未必要从支撑位入场，但支撑位确实是很好的止损防守位。

从灵活交易的角度来考虑，我们应在投资计划当中将支撑入场考虑进去，特别是资金分批入场的策略，除了突破阻力入场之外，站住支撑入场也极为重要。现实情况是，假突破比比皆是，真突破的比例是比较低的。如果能够将资金分开，在阻力突破位置买入一部分，在回调到支撑位置买入一部分，就可以有效降低止损资金额度。

所以，在实际操盘过程中，其实比较好的办法就是在拐点附近做突破轻仓买入，趋势确认后在支撑线位置增加持仓。这样一来，整个操盘计划便将突破买入与支撑买入融会贯通，灵活运用。

实盘精要

无论是均线的突破，还是水平阻力线的突破，都是需要我们特别注意的。对价格具有明显向上突破的股票，可以跟踪观察，寻找好的买入时机。做短线投资，应该将目光锁定在那些突破了阻力的股票上。因为阻力突破是股票强势的一种表现。

3 底背离

背离是成功率较高、应用较为广泛的动能分析方法，其中包括趋势K线背离、趋势幅度背离、时间背离、均线背离、均线相交面积背离、趋势形态背离等。不过，在实际操盘过程中，我们不需要学那么多的背离技术。本书只讲述MACD指标的黄白线与股价走势底背离的情况，目的是寻找好的入场点。

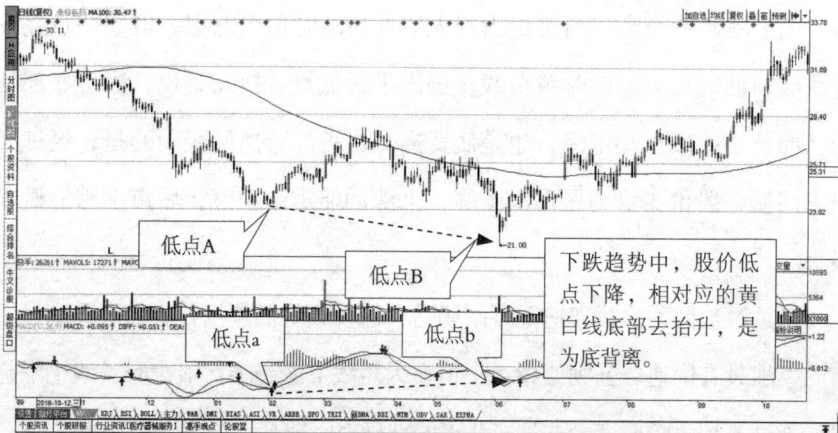

图3-5　股价底部下降式的底背离

如图3-5所示，2017年2月3日，秦格医药（300347）在一波下跌走势中形成一个价格低点，标记为低点A。

6月20日，股价经过一波快速下跌，创出一个新低，标记为低点B。

观察股价表现，呈现明显下跌趋势：低点B＜低点A。

相应的黄白线所形成的低点却相反：低点b＞低点a。

股价与指标黄白线形成底背离，说明卖盘力量已经释放，下跌的动能已经不足。此消彼长，买盘的力量逐渐增强，上涨动能已经积聚，随后股价或有反弹。

随后的走势验证了底背离的判断。股价反弹后突破MA100均线，后来获得相应支撑，反弹演变成一波长期的上涨趋势。

在下跌趋势中，当股价创新低时，黄白线却没有创新低，即是底背离，表明股价在下跌过程中，黄白线的下跌幅度要小于股价的下跌幅度，市场向下的动能在衰竭，而向上的动能正在不断积聚，股价接下来上涨的概率较大。

在上涨趋势当中，当股价出现大幅度回落时创出低点，但此低点并没有跌破前面的低点。此时黄白线却创出了新低点。换句话说，股价底部抬升，而黄白线底部却下降，也是底背离。这种底背离所表明的是，经过大幅度回撤，股价买盘力量再次走强，上涨动能重新积聚，后市上涨的概率极大。

不过，与前面底背离情况不同的是，这种股价低点抬升式的底背离，后市的上涨具有快速、强劲的特点，但多为短线上涨趋势，很少有长线上涨趋势。不过，相比较而言，这种底背离的准确率比较高，很适合短线操作。

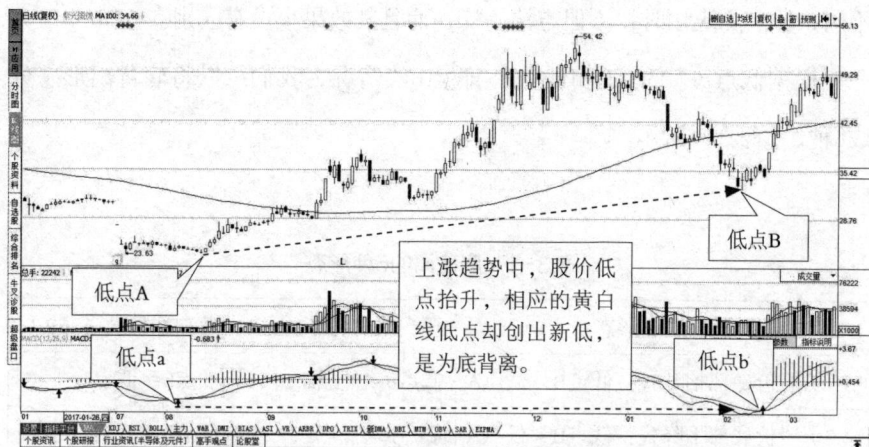

图3-6　股价底部抬升式的底背离

如图3-6所示，2017年8月11日，紫光国微（002049）经过一波下跌之后，形成一个价格低点，标记为低点A。

2018年2月7日，股价在大涨后出现一波大幅度的下跌，形成一个价格低点，标记为低点B。

观察股价的表现，仍处于抬升趋势：低点B＞低点A。

相应的黄白线所形成的低点却相反：低点b＜低点a。

股价与指标黄白线形成底背离，说明卖盘力量已经释放，下跌的动能已经不足。此消彼长，买盘的力量逐渐增强，上涨动能已经积聚，随后股价或有反弹。

随后的走势，验证了底背离的判断。股价反弹后突破MA100均线，后来获得相应支撑，反弹演变成为一波强劲的短线上涨趋势。

以上所讲的内容是比较常见的两种底背离形态，其运用方法是一样的。在实际操盘过程中，可能还会遇到其他底背离的形态，虽然看起来形态有所

不同，但实际应用时，不但方法一样，而且其效果也没有区别。

根据低点A、低点B和低点a、低点b的情况，我们可以将底背离形态分成6种，如表3-1所示。

表3-1　底背离的6种形态

股价底部形态	黄白线底背离（1）	黄白线底背离（2）
（1）股价底部抬升式：低点B＞低点A	低点b＜低点a	低点b＝低点a
（2）股价底部下降式：低点B＜低点A	低点b＞低点a	低点b＝低点a
（3）股价底部平行式：低点B＝低点A	低点b＞低点a	低点b＜低点a

总的来说，运用底背离技术来判断价格上涨的准确率是颇高的，但不代表100%准确。在实际操盘过程中，我们会发现底背离虽然可以在一定程度上判断反转行情，但经常会有二次底背离乃至多次底背离的情况。就在上面这个例子当中，其实就有多次底背离的情况。

所以，我们不能通过某一次底背离情况，便判定后期股价必然上涨。不过，底背离技术作为动能分析技术当中的佼佼者，在短线运用过程中，效果是非常好的。因为我们不追求长线的大涨，若是抓短线的反弹，准确率是相当高的。

如果打算做这样的小反弹，最好的办法就是在日线上判断出底背离后，然后在60分钟线上利用MA20均线、低位123结构等方式入场。做这样的小反弹，一定要注意，上涨空间比较有限，不要期待太多，价格冲高可以分批出场，及时锁定部分利润为妙，然后留下部分仓位以防错过有可能大涨的机会。这就是大小周期配合、多指标结合的操作方法。

当然，在底背离情况下，轻仓买入也是很好的策略。一旦确认上涨通道打开，再寻找自然的支撑位进行加仓。这样的做法，既可以避免机会的丢失，又能降低风险。

另外要注意，底背离不是一个具体的时点，而是一段时间内出现的形态，但投资者买入股票需要具体的时点。因此出现底背离时，投资者需要结合技术手段寻找具体的入场点。

实盘精要

底背离技术是短线操盘过程中极为实用的技术，具有正确率高、操作简便的特点。针对强势股的大幅度回调形态，具有比较好的预判效果。想要短期内赢得利润，在我们的交易系统当中引入底背离动能策略是绝佳的选择。

4 底背离双突破买入法

买入股票想要获得盈利，要注意盈利空间的问题。假如上涨幅度很小，那么很难获得盈利。在底背离形态当中，经常会出现反弹，但是这些反弹的上涨幅度不大。即便在小周期上入场操作，收获的利润也很微薄，而且在这种小幅反弹的行情中，价格走势不稳定，需要冒比较大的风险。所以，建议选择在底背离形态之后突破趋势线、阻力线的股票进行操作。

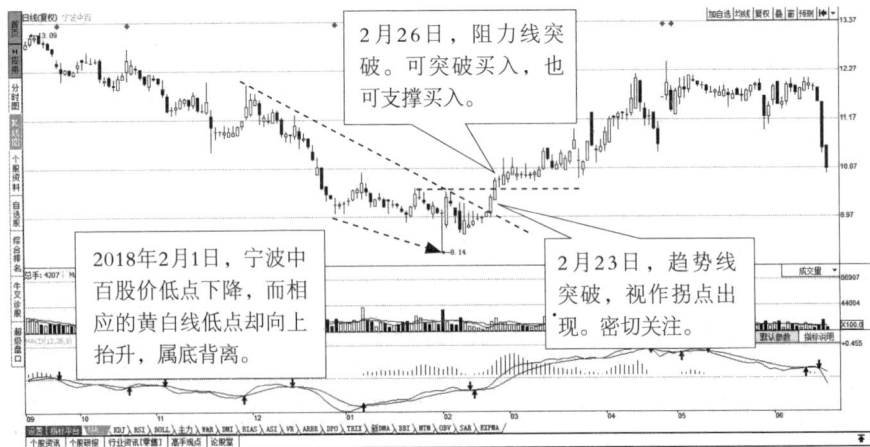

图3-7　宁波中百日K线图

如图3-7所示，2018年2月1日，宁波中百（600857）创出新低价8.14元，但相对应的黄白线没有创出新低，反而处于上升状态。底背离形态出现，后市关注。

2月23日，股价突破趋势线，拐点出现。

2月26日，股价突破阻力线，打开上升通道。底背离+趋势线突破+阻力线突破，上涨动能极强，此时可以制订计划买入股票。

换句话说，运用底背离形态来筛选股票，然后用趋势线、阻力线双突破来判定后市行情，并使用阻力线和支撑线来进行买卖。这个交易流程简单清晰，具有极高的操作确定性。

使用这个方法，关键在于趋势线的画法和阻力线的画法。由于此方法主要通过底背离来确认行情，所以没有必要寻求太远的最高点来画趋势线，只需要选择一个稍微远期的高点，与近期高点相连，画出一条趋势线即可。这条趋势线的画法有很大的随意性，因为可以酌情选择远期高点，但随后的阻力线画法则不能随意，其支点应为画趋势线时所使用的近期高点。

换句话说，以近期高点为趋势线与阻力线的交叉点。因此，近期高点的选择应该认真些。建议选择新低点后上涨回抽形成的近期高点（要求距离新低点不远）。这样趋势线与阻力线交叉，就可以将趋势线之上、阻力线之下的这块区域看作临界区域，也可以从这块区域中寻找合适的初期止损点。

关于此方法的具体操作步骤，如图3-8所示：第一，发现新低点出现；第二，确认底背离情况出现；第三，新低点后跟踪行情，找到上涨回抽形成的近期高点；第四，选择任意远期高点与近期高点连接做趋势线；第五，以近期高点做水平阻力线。

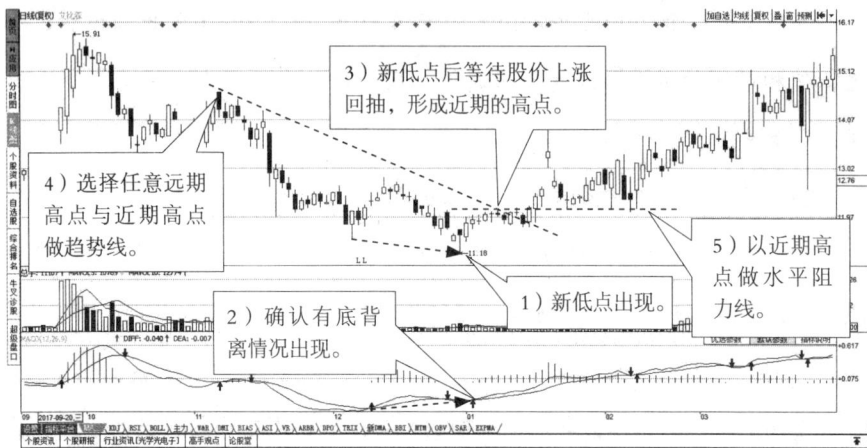

图3-8 底背离双突破买入法步骤

使用这个方法，在画线时应按照步骤来做，而在根据所画线来制订操盘计划上，则可以灵活多变。比如，买入时可以在突破趋势线买入一些，在突破阻力线买入一些，在阻力线变成支撑线后价格回抽支撑买入一些。也可以在突破阻力线买入较大份额，价格冲高卖出一部分，剩余一部分持仓博更大的涨幅。或者在突破阻力线轻仓买入，回抽支撑轻仓买入，只博长期涨势。

本方法的思路就是底背离确认卖方动能衰竭、买方动能积蓄，趋势线、阻力线双突破确认买方动能强劲。这就是价格动能的最实用方法。注意，画好线之后的操作则可以灵活多变，最终要以降低风险为要。这个入场方法很完善，其中包含了趋势预判与跟踪、动能分析以及低位123结构等实用知识。

实盘精要

底背离也是买盘力量增强的表现，而随后的下降趋势线突破、阻力线突破则是买盘力量增强的确认。这样一步一步跟踪分析，可以帮助我们根据买盘力量的强弱来制订清晰的投资计划。

第四章

行情研判（3）：大盘分析

本章主要讲述大盘走势分析的要点，以及实战应用之道。对大盘走势有所了解，可以有效地提高胜率。相反，逆大盘走势进行操作，失败的风险会大幅提高。

大盘与指数基金

大盘指数复合买入法

大盘的牛熊

认识大盘

1 认识大盘

有人说："轻大盘，重个股。"但俗话说"皮之不存，毛将焉附""覆巢之下，焉有完卵"，大盘都下跌了，个股能有多少侥幸的希望呢？有报纸做过统计，当大盘上涨时，十之八九的股票要么上涨，要么横盘，股民吃亏的可能性不大；而当大盘下跌时，能逆市上扬的股票不会超过5%。而且此时蛰伏的主力一般都不会逆市拉升，因为逆市拉升会遭遇较多的抛盘。由此可见大盘对个股的巨大影响。

大盘，即大盘指数。在A股市场中，大盘指数指的就是上证指数和深证成指。无论是何种投资风格，在买卖股票之前都应参考一下指数所处的位置以及当时的市场情绪。只有在大盘呈现上升趋势时才能购买股票，而在大盘指数呈现下跌走势时，则尽量不要进行投资操作。短线操盘同样要注意。

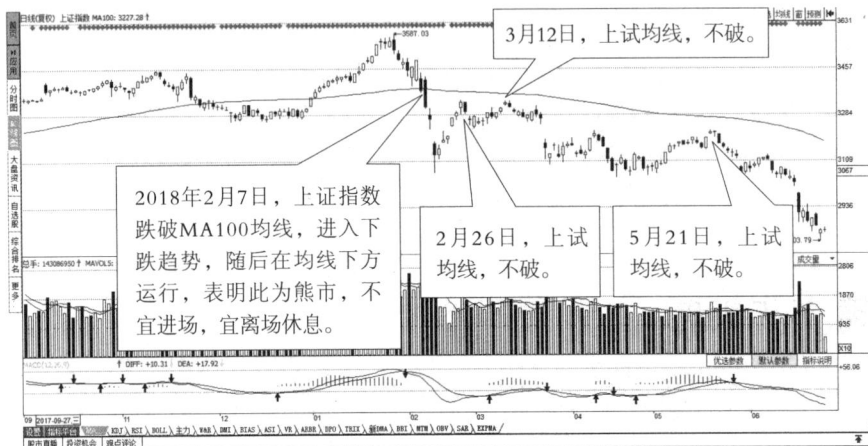

图4-1　上证指数日K线图

如图4-1所示，2018年2月7日，上证指数（000001）快速跌破MA100均线，开始进入下跌趋势。此后指数一直在均线下方运行，虽有反弹，不破均线。

2月26日，指数反弹形成小高点，不破MA100均线。

3月12日，指数反弹形成小高点，不破MA100均线。

5月21日，指数反弹形成小高点，仍不破MA100均线。

整个市场呈现极度弱势的表现，没有形成稳定的上涨趋势，此时沪市整体处于下跌走势当中，短线投资者宜离场休整。

而价值投资者可以趁此下跌机会，买入其中便宜的绩优股并长期持有。

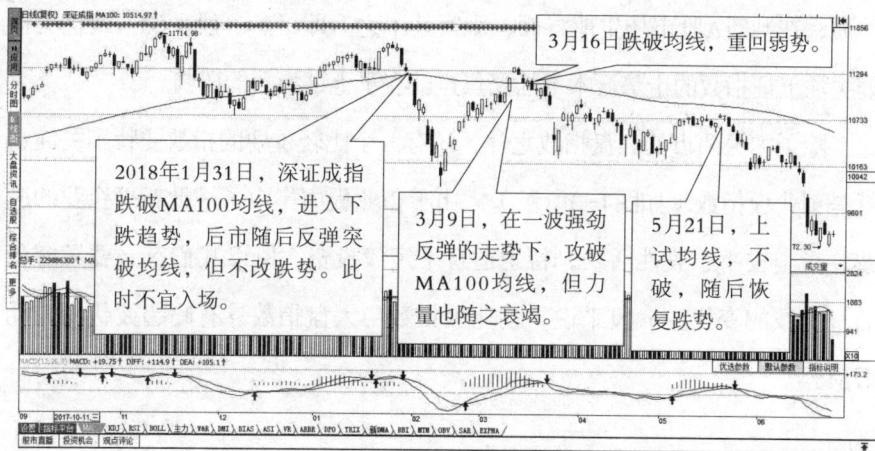

图4-2 深证成指日K线图

如图4-2所示，2018年1月31日，深证成指（399001）下跌，并越过MA100均线，随后跌势更猛。

3月9日，指数上破MA100均线，但这波强劲反弹没有改变熊市的本来面目，随后指数回落。

3月16日，指数再次跌破MA100均线，重回弱势，甚至大幅下跌。

5月21日，指数回升上试MA100均线，并没有突破，随后进入快速下跌模式。

在这个过程中，深证成指虽然有较为强劲的反弹，甚至上破MA100均线，但没有再创新高，而是再次跌落在均线之下，说明深市进入了下跌趋势，此时不宜进场。

从图4-1和图4-2可以看出，两市跌破关键均线的时间有前后脚的差别。具体选股时，若选择的是沪市股票，建议多关注上证指数；而若选择深市股票，则建议多关注深证成指。不过，整体上可以看出两个指数具有趋同性质，在判断A股市场牛熊方面，观察其中之一即可。一般来说，我们更需要关注上证指数的走势。本书的聚焦点就在于上证指数的研判。

除了沪深两市的大盘指数之外，还有一个比较重要的指数要特别关注，就是创业板指数（如图4-3所示）。由于创业板中集中了一批新兴企业的股票，盘子较小、股性活跃，特别适合于短线投资，所以我们有必要了解创业板指数的变化。一般来说，创业板指数与大盘指数具有此起彼伏的轮动效应。

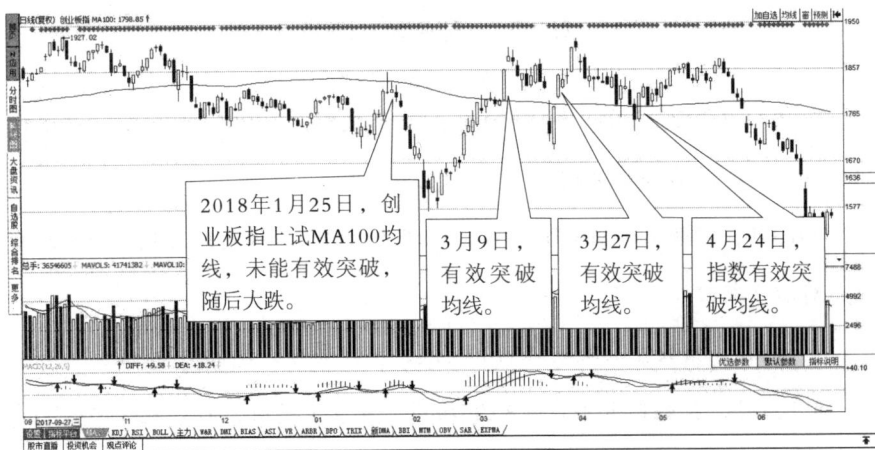

图4-3　创业板指日K线图

如图4-3所示，2018年1月25日，创业板指（399006）上试MA100均线，没能够有效突破，随后指数快速下跌。

3月9日，指数在强劲反弹后突破MA100均线，随后线上整理。

3月23日，指数跳空跌破MA100均线。注意空仓。

3月27日，指数跳空升破MA100均线。有数日强劲走势，可以择机买入强势股票。

4月23日，指数跌破MA100均线。注意空仓。

4月24日，指数升破MA100均线。有数日强劲走势，可以择机买入强势股票。

5月29日，指数跌破MA100均线，随后快速下跌，期间虽略有反弹，但不改跌势。这段时间不适合买入创业板股票。

综合观察三个指数可以看出，创业板指数最活跃，其次是深证成指，而上证指数最稳定。三个指数之间具有联动关系，有时同涨同跌，有时接替轮动。所以在判断A股市场整体环境时，参考上证指数效果更佳。

至于创业板指的应用，笔者更加倾向于相关指数基金的定投与波段操作，后文我们会具体讲到。当然，若是想要买卖活跃性好的创业板股票，也可以参考创业板指数，判断是否具有好时机。

实盘精要

短线投资强势股，首先需要借的势就是大盘的强势，所以大盘的分析是非常关键的。在大盘弱势的时候，尽量不要进行短线买卖，以免本金出现比较大的亏损。而在大盘强势时，则应借其大势，积极寻找其中的强势股票进行操作。

② 大盘的牛熊

分析大盘形势，最直接的好处就是可以了解整体的市场环境。当市场环境良好时，我们可以选择买入股票；而当市场环境转差时，我们则需要离场。根据大盘的形势来判断，市场环境通常可以分为牛市、熊市和震荡市三种。

牛市，也称多头市场，指股票市场行情普遍看涨，延续时间较长的大升市。在技术分析的开山理论——道氏理论中，规定持续时间在两年以上的上涨才能称为牛市。这个规定在A股市场上也是适用的。

2005年6月6日，上证指数创出低点998点，到2007年10月16日上证指数创出高点6124点，时间跨度为两年零四个月。在此期间，中国A股市场走出了历史性大牛市。

2013年6月25日上证指数创出低点1849点，到2015年6月12日上证指数创出高点5179点，时间跨度为两年，期间A股市场同样是一波大牛市。

这样级别的大牛市是比较少见的。炒短线的投资者如果要等到这样的大牛市来做股票，那肯定会饿死的。所以我们不需要去等待这样的大牛市。其实只需要上证指数有3个月以上时间呈现上涨趋势，就值得短线投资者好好操作一番。

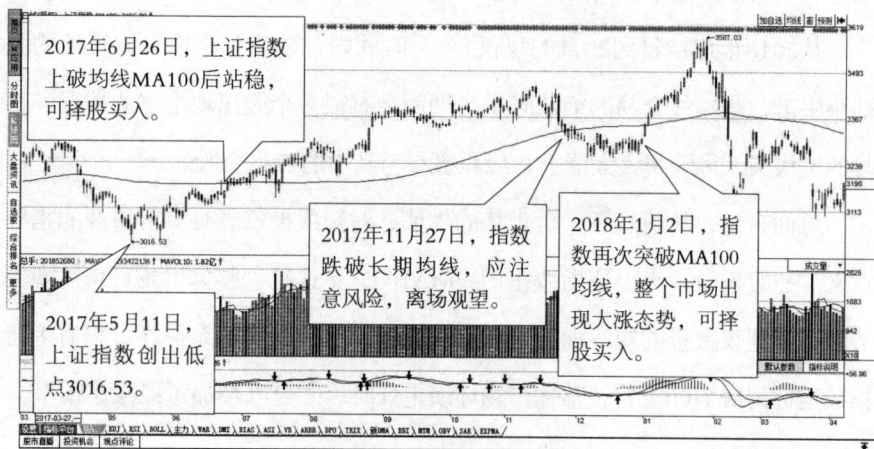

2017年6月26日，上证指数上破均线MA100后站稳，可择股买入。

2017年11月27日，指数跌破长期均线，应注意风险，离场观望。

2018年1月2日，指数再次突破MA100均线，整个市场出现大涨态势，可择股买入。

2017年5月11日，上证指数创出低点3016.53。

图4-4　上证指数日K线图

如图4-4所示，2017年5月11日，上涨指数（000001）创出新低点3016.53点，随后不再创新低，指数稳步上升。

6月26日，上证指数上破均线MA100后站稳，说明整个市场环境很稳固，短期内呈现小牛。此时可以选择强势股票做短线。

11月27日，上证指数跌破长期均线MA100，说明市场环境发生变化，上涨势头不再，须注意后市风险，短线不宜入场。

2018年1月2日，上证指数再次突破MA100均线，可以择股买入。这次市场出现整体大涨的局面，指数连续数个交易日上涨，并且很快突破了前期的指数高点。

1月29日，上证指数创出了新高点3587.03点。随后下跌，此时谨慎入场。后期跌破MA100均线，不宜入市。

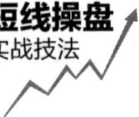

从以上大盘分析可以看出，从2017年6月26日到11月27日的5个月内，市场走出一波中期慢牛，期间可以选择热点题材中强势个股进行短线操作。

从2018年1月2日到29日的仅仅1个月时间内，硬生生走出一波短期的强劲小牛市，是短线交易的绝佳时机。期间会有很多个股出现上涨的情况，此时的短线买入风险将大大降低，应积极参与其中的热点个股。

总而言之，认清短期大盘走势的牛熊，对短线投资者具有很重要的指导意义。一般来说，当上证指数在均线MA100之下运行，整体市场环境呈现弱势时，不建议大量的短线操作，只宜进行少量的极强势股票操作。只有等待指数运行到MA100上方，整体市场环境走强时，才可以增加短线操作频率。

实盘精要

关注大盘是为了增强短线操盘的胜率，减少亏损的可能性。记住一个简单的道理：牛市中绝大部分股票都会上涨，而熊市中绝大部分股票都会下跌。所以，真正的短线高手，在操盘的过程中必然会关注整体的市场环境，而不会忽视大盘的走势。

3 大盘与指数基金

为了对大盘走势保持持续的关注，更好地研究大盘走势，可以选择少量买入与大盘指数走势贴合的指数基金。然后，根据大盘指数基金的涨跌情况，做简单的加减仓操作。这样在买卖指数基金的同时，不仅能够很好地预判出整体市场环境的变化，还可以磨炼自己的交易能力，提高自己的市场认识。

建议在指数基金的跟踪操作上，采用逆向小额定投的投资方法。

（1）在跟踪的指数基金跌破均线时，大盘出现大跌，则当即小额定投，越跌越买。

（2）在均线下方，指数基金反弹若有浮盈则适度减仓，指数下跌则继续跟踪定投。

（3）若指数基金走到均线上方，大盘指数进入上涨趋势，则可以冲高减仓指数基金，将定投指数基金的资金逐渐转出，开始寻找短线强势个股进行买入。

下面我们开始大盘指数的跟踪观察与小额定投操作。首先，要在市场当中找到与大盘走势形态拟合的指数基金。笔者经常观察的大盘指数基金是市场中的两只300ETF基金（本书示例只用其中一只），这两只指数基金选择的股票覆盖了沪深两市的重量级权重股。在进行指数基金的小额定投的波段式操作过程中，可以很清楚地看到整个市场环境的改变。

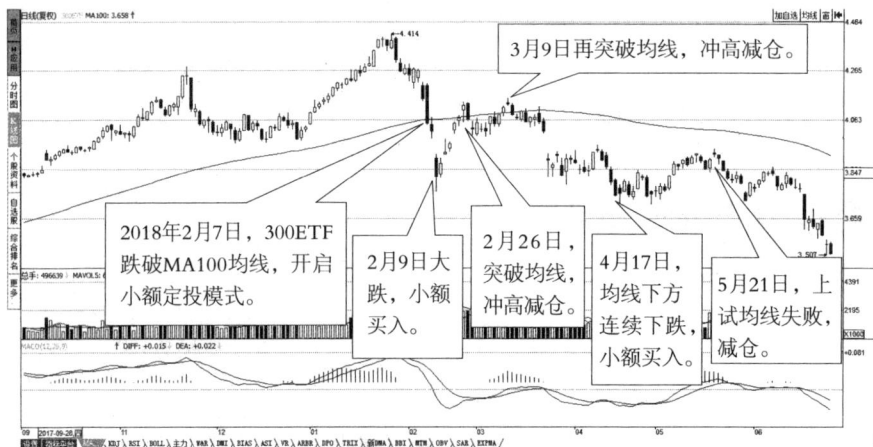

图4-5　300ETF日K线图

如图4-5所示，2018年2月7日，300ETF（510300）跌破MA100均线，进入下跌趋势，表明市场情况发生变化。此时开启小额定投模式。

2月9日，价格在MA100均线下方再次出现大跌。小额定投买入。

2月26日，价格反弹突破MA100均线。冲高分批减仓。

3月9日，价格再反弹突破MA100均线。冲高分批减仓。

4月17日，价格在MA100均线下方连续下跌，创出新低。小额定投买入。

5月21日，价格反弹上试MA100均线，失败。减仓。

后市整体走势呈现下跌形态，不再突破均线，不宜介入个股，可继续开启指数基金的小额定投模式。

结合上证指数，通过指数基金的投资观察，可以近距离感受市场整体的脉动，就会发现二者的走势具有极强的相关性（参看图4-1）。

除了300ETF之外，像南方300、50ETF、中证500、华夏300、深100ETF

等指数基金，都可以用来跟踪大盘走势。另外，利用H股ETF、恒生ETF等指数基金来跟踪港股大盘情况，利用纳指ETF等跟踪美国纳斯达克指数。

对特别关注创业板的人来说，可以选择创业板指数基金作为跟踪目标。这只指数基金与创业板指数拟合度相当高，不仅可以用于判断创业板市场盘面情况，还可以作为波段投资目标，长期进行操作。

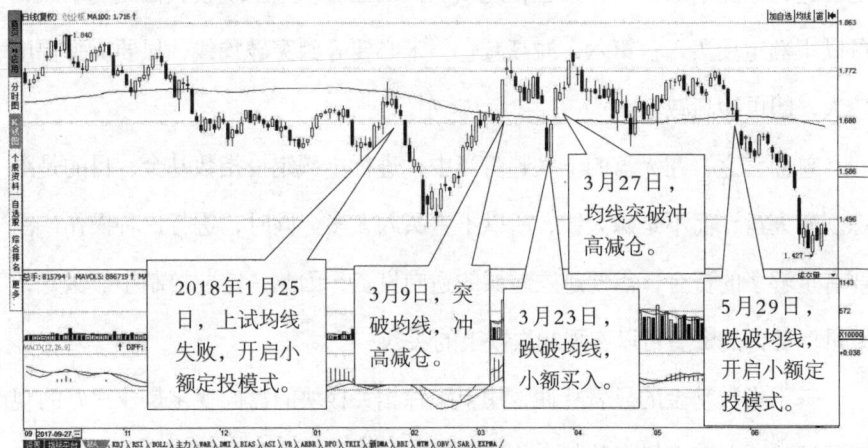

图4-6　创业板指数基金日K线图

如图4-6所示，2018年1月25日，创业板指数基金（159915）上试MA100均线，没能够有效突破，随后快速下跌。开启小额定投模式。

3月9日，在强劲反弹后突破MA100均线，随后线上整理。冲高分批减仓。

3月23日，跳空跌破MA100均线。小额定投买入。

3月27日，跳空升破MA100均线。冲高分批减仓。

4月23日，跌破MA100均线。

4月24日，升破MA100均线。

5月29日，跌破MA100均线，随后快速下跌，期间虽略有反弹，但没有突破均线，不改跌势。这个下跌局面很可能是长期的，此时不宜做短线投

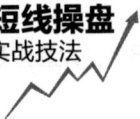

资，开启指数基金的小额定投模式。

在指数基金的小额定投模式当中，有几点要注意：第一，小额应低于总资金的5%；第二，跌破均线时只是开启小额定投模式，但不要马上小额买入；第三，跌破均线，跌幅足够大，才能小额买入；第四，跌破均线，距离足够远，才能小额买入；第五，连续三天及三天以上出现较大幅度的下跌，可以小额定投买入；第六，冲高减仓，未必要等到突破均线，只要反弹幅度较大，即可冲高减仓。

总而言之，在大盘的下跌趋势当中，进行小额定投指数基金，目的是跟踪观察大盘，而不是赚大钱，所以不宜买入太多。同时，进行这种操作，需要有足够多的资金，需要越跌越买的逆向投资，因此一定要控制小额买入，尽量保证你的资金可以实现30次以上的买入。

基于指数基金的显著特性，用于跟踪相关板块的盘面变化是非常好的观察目标，所以在选择指数基金的过程中，建议选择与大盘指数相吻合的指数基金，这样才能更加有效地达成跟踪大盘指数的目的。在大盘指数进入上升通道，呈现强势上涨时，我们可以到市场中选择好股票做短线操作；在大盘指数进入下降通道，呈现弱势时，则要尽量减少个股的短线买卖，选择指数基金的小额定投，等待牛市到来。

实盘精要

指数基金的小额定投是下跌趋势当中较为适当的长线投资模式，用于大盘指数的跟踪与观察，尽量不要追求高收益，而应以稳定不亏为要。所以在小额投入过程中，要尽量减少买卖操作。买入则要等待大跌时，卖出则要等待强劲反弹时。如果你把握不好，则不可使用这个方法。

④ 大盘指数复合买入法

我们知道，在股票市场上想要获得收益，选股能力很重要。但事实上，每个人的能力是有差别的，同样是很擅长公司运营的人，选择股票的能力往往有极大的差距。假如你是选股能力极强的人，那么可以选择好股票进行买卖。如果你的选股能力不强，该怎么办呢？基本上有三种方法：一是与选股能力强的人合作；二是提升自己的选股能力；三是回避选股能力的弱点，找到并发挥自身优势。

第一种方法看似简单，但实际上很难实现；第二种方法很好，但能力的提升非常艰难且是一个长期的过程；第三种方法是回到自身认识之上，从自身寻找优势。事实上许多人就是不适应太多股票的选择，而适合少数几只股票的操作，如果你发现自己是这样的投资者，那么本节将讲述一个适合你的方法——大盘指数复合买入法。

大盘指数复合买入法，就是回避选股劣势的投资方法，选择指数基金进行买卖。而所谓"复合"，指的是长短线结合，简单来说，就是将资金分成长线投资份额与中线投资份额。顾名思义，长线投资份额就是用于长线持有的资金，中线投资份额就是用于中线波段操作的资金。

下面以均线MA100、MA60相结合为例，便是利用MA100的买入信号做长线操作，MA60的买入信号做中线操作。

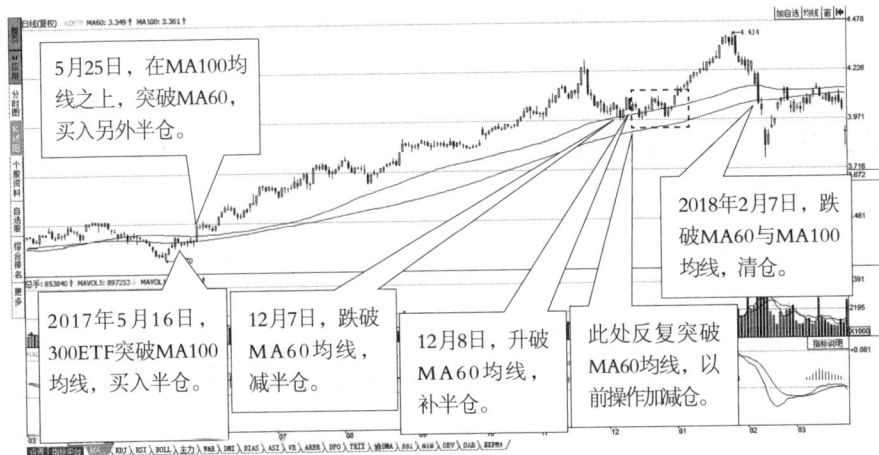

5月25日，在MA100均线之上，突破MA60，买入另外半仓。

2017年5月16日，300ETF突破MA100均线，买入半仓。

12月7日，跌破MA60均线，减半仓。

12月8日，升破MA60均线，补半仓。

此处反复突破MA60均线，以前操作加减仓。

2018年2月7日，跌破MA60与MA100均线，清仓。

图4-7　300ETF日K线图

如图4-7所示，2017年5月16日，300ETF（510300）突破MA100均线，买入半仓。止损为前低点。

5月25日，指数基金突破MA60，买入另外半仓。

12月7日，指数基金跌破MA60，尾盘卖出半仓。

12月8日，指数基金升破MA60，尾盘补入半仓。

12月15日，指数基金跌破MA60，尾盘卖出半仓。

12月19日，指数基金升破MA60，尾盘补入半仓。

2018年2月7日，指数基金跌破MA60、MA100，尾盘全部清仓离场。

以上所讲的这个操盘过程，是相当机械性的操作。在小牛市里，收益比较低。如果遇到震荡市，也会有连续的亏损。只有等到大牛市时，才能赚得比较好。当然，在实际的操作过程中，我们不能这样完全机械性地根据均线突破来操作，而应将我们前面讲过的支撑与阻力、低位123结构以及底背离技术引入其中，有选择地进行买入操作，这样才能达成比较好的操作收益。

在上面的示例当中，运用这个中长线结合的方法操作指数基金，我们主要将资金分成两等份，进行调仓操作：

当价格还没有升破MA100均线，不进行买入操作；

当价格升破MA100均线，则等于半仓入场；

当价格在MA100均线之上，升破MA60均线，将另半仓也加入；

当价格在MA100均线之上，跌破MA60均线时，卖出一半；

当价格跌破MA100均线，则再卖出半仓，达到完全空仓。

如此一来，整个仓位都在根据实际的行情走势随时调整变化，便可以有效地进行仓位管理，同时保障资金安全（参看表4-1）。

表4-1　复合买入法的仓位调整

均线的突破	升破MA60	跌破MA60
升破MA100	满仓	半仓
跌破MA100	空仓	空仓

如果你觉得均线MA60操作太少，可以换成MA20、MA30等。但在此不建议做短线操作。短线操盘技术很好，完全可以寻找个股进行投资。所以本方法主要是提供给不擅长选股的人士，没有必要进行太频繁的操作。MA120+MA60是不错的组合，你可以尝试一下。

在操作过程中，如果觉得仓位太重，则可以将资金分成四等份、八等份，都可以调整。当你确定要使用这一方法时，那么最好先使用模拟盘进行操作，看是否适合自己的操盘理念。如果你觉得不适合自己，则可以另觅他法。

总的来说，大盘指数复合买入法，能回避选股难的问题，兼顾中长线，既避免错过牛市大机会，又可以通过仓位调整有效地控制风险，是不错的操盘方法。长线投资份额只根据长线买卖信号进行操作，而中线投资份额也根据中线买卖信号进出场，两部分资金互不干扰，却能相互补充。

当然，这个方法看似简单，但要做好也不容易。最常见的问题就是容易出现混乱，在实盘当中要特别注意。这个方法也可以用于个股的操作上。

实盘精要

并不是每个人都适合短线操作，也并不是每个人都擅长选股。如果你发现自己不擅长选股或者短线炒股，那么可以进行中长线的操作。结合我们所讲的方法，可以达到良好的盈利水平。投资之旅应该是认识自我、发现自我的过程，看到自己的弱点和长处，才能让投资者选择适合自己的投资方法。

第五章
强势个股（1）：缺口策略

主要讲述跳空缺口的分析技术，尤其是有关于突破性缺口与缺口的支撑等知识，从而增加交易当中的投资机会，进而获得更大的收益，并帮助投资者避免受到更大的损失。

向上持续性缺口

缺口追涨与支撑买入法

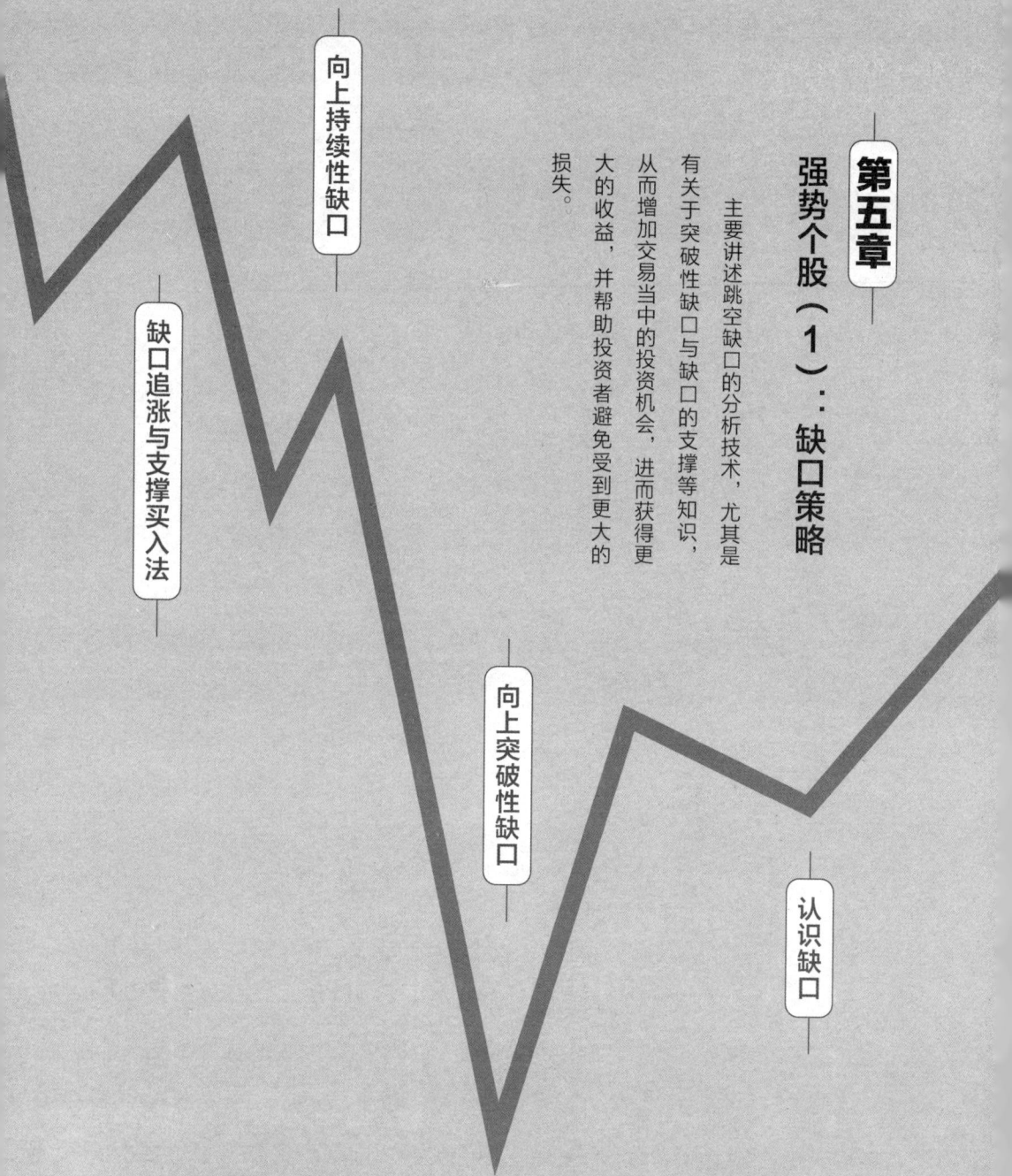

向上突破性缺口

认识缺口

1 认识缺口

缺口，是指在前后两根K线的端点之间出现了交易的真空区域。也就是说，股价直接跳过某个价格区间，没有在这个区间产生任何交易。缺口的出现，往往预示着K线沿着某个方向运动的强劲动力。

一般来说，缺口越宽，动力越强；反之，则越小。无论是向上跳空缺口，还是向下跳空缺口，都会成为日后股价较强的支撑或阻力区域。这为我们进行短线操盘提供了可能。

缺口可以分成普通缺口、突破性缺口、持续性缺口和消耗性缺口四种形态（如图5-1所示）。人们可以根据不同的缺口形态预测行情走势的变化方向和变化力度，进而更好地把握股市走势，赚取更大的利润。

普通缺口的宽度较小，经常出现在股价震荡过程中，往往跳空不久就会出现回补，所以操作意义并不大。普通缺口的确认可以帮助投资者判断出当前的形势：普通缺口出现，表明当前市场参与者较少，市场清淡，所以相对较小的交易指令就可以导致价格跳空。普通型缺口的意义不大，所以本文不讲。

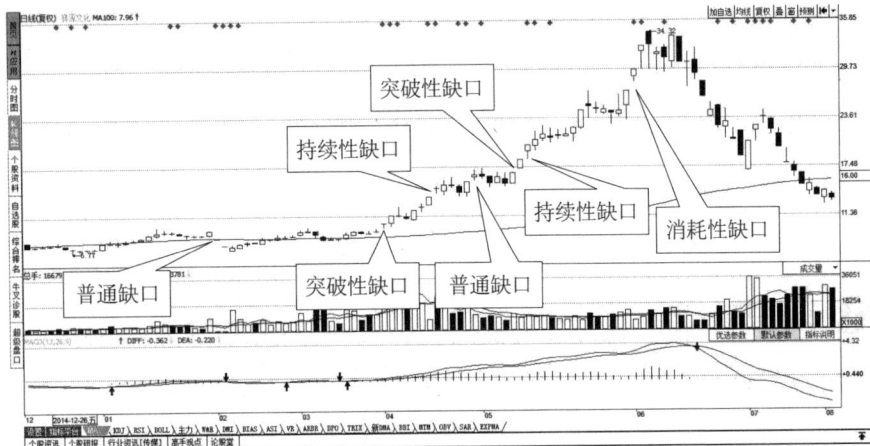

图5-1　缺口基本分类

　　突破性缺口，是极具短线操作意义的缺口形态。通常这种缺口是在成交密集的反转或震荡形态完成后，股价突破关键的阻力或跌破关键支撑时出现大幅度上涨或下跌形成的缺口。它的出现表明真正的突破已经出现。后文我们将详细讲述向上突破性缺口，在此不再赘述。此后提到的"突破性缺口"一词，主要是指向上突破性缺口。

　　持续性缺口，是指上涨或下跌过程中出现的缺口，表明一个强烈的趋势。持续性缺口也是具有短线操作意义的指标，它所代表的是趋势的延续，所以可以在向上运动的持续性缺口附近寻找机会买入股票做短线。后文我们会详述向上持续性缺口的定义与操作，在此不再赘述。本书此后提到的"持续性缺口"，特指向上持续性缺口。

　　消耗性缺口，又称为衰竭缺口，在急速的上升或下跌中，发生价格的跳升或跳空下跌，就形成消耗性缺口。消耗性缺口的出现，往往会在短期内出现回补，表示股价确实将暂时告一段落。但是消耗性缺口并不表示趋势必定转向，需要结合其他方法来验证后市。因本书不使用消耗性缺口作为出场信号，所以不讲消耗性缺口。

综上所述，消耗性缺口和普通缺口能在短期内补回，而突破性缺口和持续性缺口具有良好的趋势延续性，这也就是短线作手的好目标。所以，我们将着重讲述突破性缺口和持续性缺口在短线操盘中的运用。

实盘精要

在选股过程中，我们可以将每天的跳空股票选出来，然后从中遴选出包含向上突破性缺口和向上持续性缺口的股票。尤其是在关键位置上的向上突破性缺口，是短线强势股的一种形态表现。我们应该对这种强势个股进行密切跟踪，同时制订相应的买入计划。

2 向上突破性缺口

　　向上突破性缺口是短线操盘当中最有价值的缺口。当股价运行到某个阻力位时，作为空方重要的防线，该阻力位被多方以缺口方式突破，只能说明要么是多方力量大增，要么是空方变得不堪一击，确实继续沿着缺口方向发展的概率非常大。

　　重要的阻力位包括前期高点、前期放量区间、近期震荡区间的上沿等。当股价以缺口的形式突破这些阻力位时，投资者应注意把握买入时机。这是很好的短线入场机会。

　　如图5-2所示，股价大幅跳空，高开高走，在K线图上形成了向上跳空的缺口，同时该缺口突破了此前的阶段性高点，构成突破性缺口的强势形态，当天可以买入。价格冲高之后，往往会出现回调，站稳支撑线，出现支撑买入点。

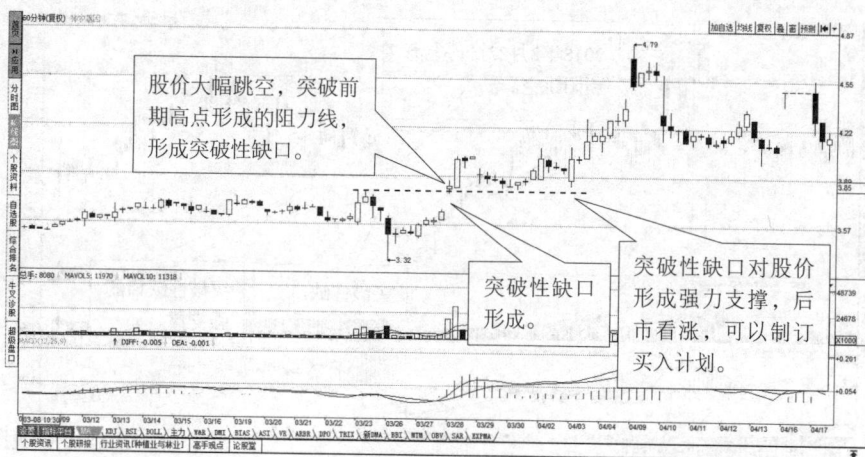

股价大幅跳空，突破前期高点形成的阻力线，形成突破性缺口。

突破性缺口形成。

突破性缺口对股价形成强力支撑，后市看涨，可以制订买入计划。

图5-2 突破性缺口

在实际操盘过程中，我们经常感到烦恼的一件事，就是真假突破的辨别。特别是使用某条均线进行突破买入，假突破经常出现，常常导致连续的亏损，使得整个投资之路备受挫折。如果你经常被这种真假突破困扰，那么不妨选一些出现向上的突破性缺口的股票，这种股票的上涨概率会很大。特别是短线操盘手，应灵活掌握这种突破性缺口的交易机会。当股价以一个很大的向上跳空远离原K线形态时，表明已经形成了真正的突破。

突破性缺口一旦出现，便预示着行情走势将要发生重大变化。缺口越大，往往预示着股价未来的变动越强烈，经常会出现比较大幅度的短线波段行情。不过在使用向上突破性缺口进行投资时，要特别注意，不能追高。如果错过了最佳的买入点位，不要再追买，以免遭遇回调，导致亏损，影响操盘心态。

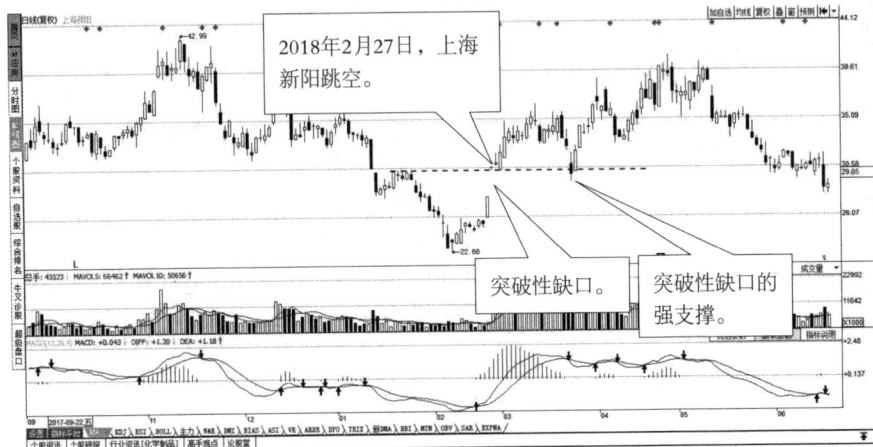

图5-3　上海新阳日K线图

如图5-3所示，2018年2月27日，上海新阳（300236）向上跳空，突破前期高点所形成的阻力线，可以当即买入。

3月23日，股价回踩支撑线。

3月26日，股价回升，确认缺口支撑有效，可以在尾盘买入。这是短线买入的好时机。

通常情况下，向上突破性缺口确认后，不管价位的升跌情况怎样，投资者都必须马上做出买入指令。不过建议起始仓位不宜过重。同时也注意价格冲高分批减仓，这样可以锁定短线利润，等到价格回抽缺口时，再找机会买入一部分，冲高再卖出一些。

有的人会"恐高"，不敢买。其实在向上的突破性缺口出现后，股价上冲后即使重新回落，短时间内也很难回补，通常在缺口的上边沿具有较强的支撑。这是很好的波段操作机会。如果实在没有底气，可以切换到小周期60分钟K线上进行操作，价格走向会变得清晰很多。

另外，本书对突破性缺口的定义与他人不同。很多人认为，突破性缺口就是突破性缺口，普通缺口就是普通缺口，定义清楚。这种看法看似正确，其实容易陷入确定思维的陷阱。从实际操作的层面来看，突破性缺口如果回补，可以认定为普通缺口。换句话说，突破性缺口与普通缺口其实只有在事后才能分辨出来。

当某个缺口跳空越过了一个关键阻力位，我们只是暂时将其称之为突破性缺口，并依此做出操盘计划。其实我们就是在为"这个缺口是突破性缺口"押注。而如果该缺口后市短期内就回补了，那么这个缺口就是一个普通缺口了。这就是我们所要面临的风险。

实盘精要

股价走势是随机变化的，即便是强劲的向上突破性缺口，也存在回补的可能。而一旦突破性缺口被快速回补，那么其所具有的突破意义也就不复存在了。换句话说，这又是假突破。不过，与仅仅使用均线突破相比较，突破性缺口是真突破的概率比较大，但也不能忽视失败的可能性。

3 向上持续性缺口

向上持续性缺口，指的是上涨趋势已经确立后上涨过程中的向上跳空缺口。与向上突破性缺口相比较，这种缺口的力度会很强，有短线操作的意义。不过，在开始操作之前，要了解这种缺口的基本特点，并充分理解这种缺口的形成逻辑。

通常来说，持续性缺口是趋势确定之后出现的顺趋势方向的跳空。一方面，这说明趋势运行良好，可以很好地为投资者指明买入方向；另一方面，在趋势已经确定的情况下，价格稳步上扬是比较好的走势，而突然出现大幅度跳空，会在很大程度上消耗买方力量，所以很可能造成一定程度的回补，甚至有变成消耗性缺口的可能。

向上持续性缺口的出现，通常表明价格上涨速度加快，同时也使波动幅度加大，价格变化也会很快。令人感到欣慰的是，此时的价格运行会很流畅，这是短线投资者的好机会。

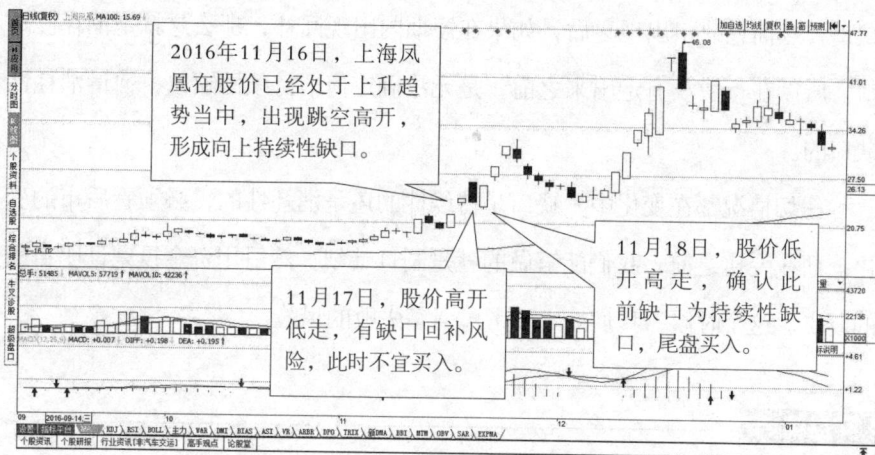

图5-4 上海凤凰日K线图

如图5-4所示，2016年11月16日，上海凤凰（600679）跳空高开，形成一个幅度比较大的缺口。该股已确认上涨趋势，股价处于上升通道，因此可暂时认定该缺口为向上持续性缺口，表明股价进入加速上涨的态势。当天可以买入。

11月17日，股价高开低走，下杀至此前形成的缺口。要预防持续性缺口转变成为消耗性缺口。不宜买入。

11月18日，股价低开高走，重新恢复升势，并没有回补此前的缺口。向上持续性缺口得到确认。可以尾盘买入。

向上持续性缺口对股价具有支撑作用，尤其是短期内的支撑。如果股价经过加速上升之后回抽，站稳缺口支撑，说明股价上升趋势不变。而如果股价加速上升后，快速回补缺口，则说明买方力量存在较大的消耗，涨势告一段落。

在后市还没有走出来之前，我们可以将上涨途中的缺口认定为持续性缺口，然而该缺口出现之后，如果在短期内出现回补，那么这就是消耗性缺口。所以在行情没有走出来之前，是无法确定何谓持续性缺口、何谓消耗性缺口的。

一切情况都在变化中，缺口是持续性的还是消耗性的，必须看后市的变化。而在变化之前，我们能够做的就是制订计划，然后用资金投票证明自己的观点。这个时候，我们一定要考虑清楚失败的风险。

实盘精要

买入是简单的，但是如何买入就不简单了。虽然缺口形态在一定程度上具有强势的特点，但不能因此就忽略其风险。绝对不要追高，如果错过了当日买入机会，那么就等待后面可能出现的支撑买入点吧。在操盘时，一定要拟订相应的应对计划，防范风险。

4 缺口追涨与支撑买入法

向上跳空的缺口，作为一种股价力量强势的表现形式，在很大程度上给予我们操作空间。

一般来讲，向上缺口出现后一段时间内，价格会迅速上冲，然后价格回落到缺口位置附近，之后再次向上。特别是那些突破关键价位或关键均线的向上缺口，具有很强的价格支撑作用。

当股价回落至向上的跳空缺口位置时，可以制订操盘计划，轻仓买入。

在这里介绍缺口的两种买入方法：第一种是追涨买入，就是在跳空当日追买；第二种是支撑买入，就是等待价格上冲后回调至缺口上边沿附近择机买入。

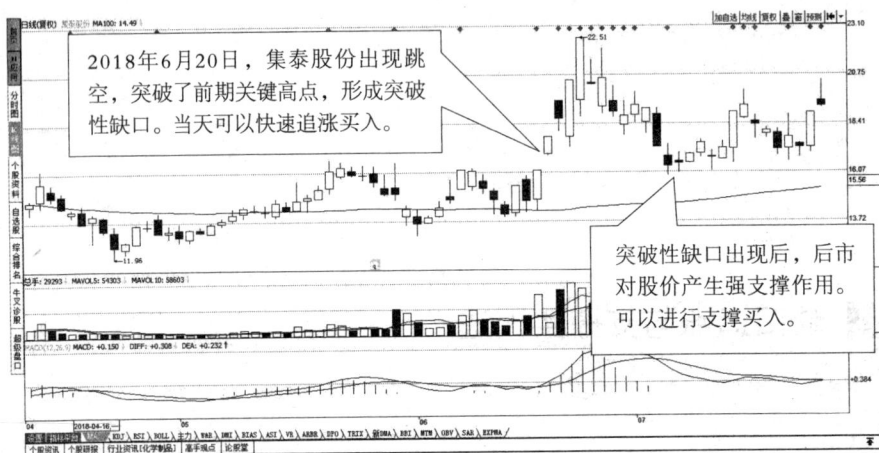

图5-5 缺口的两种买入方式

如图5-5所示，2018年6月20日，集泰股份（002909）向上跳空，突破前期高点，形成突破性缺口，当即追涨买入。

7月5日，价格回踩缺口。

随后数天，价格屡次回踩缺口支撑，确认支撑有效，便可选择时机，进行支撑买入。

上面这个案例讲述的虽然是向上突破性缺口，但其实向上持续性缺口的买入方法也差不多。特别是跳空当日的追涨买入，方法是完全一样的，其效果也是相同的。区别在于后面的支撑买入部分：向上突破性缺口的支撑价位，往往会比持续性缺口有更多次的支撑尝试；向上持续性缺口后市支撑力量很强，基本上价格回落触碰一次支撑位，甚至还没有来得及触碰缺口支撑位，便恢复强势快速上涨的走势。

无论是向上突破性缺口，还是向上持续性缺口，其跳空当天的追涨买入都是比较简单的，而支撑买入则会稍微复杂一些。其中涉及行情的跟踪，需要比较好的耐心。

同时，为了保证买入的安全性，寻找更加清晰的买入点位，建议把后市的支撑买入切换到60分钟K线图，结合MA20均线或低位123结构来买入。

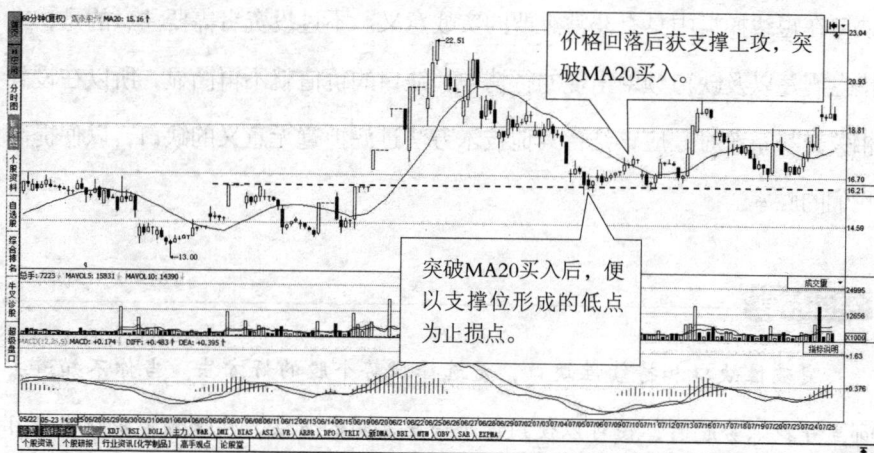

图5-6 集泰股份60分钟K线图

如图5-6所示，从集泰股份（002909）的60分钟K线图上，可以清晰地看到价格在支撑位置上的情况。

支撑买入，避免在价格触碰支撑线时买入，而应在支撑确认有效的情况下，选择突破均线或低位123结构买入。

买入时，要考虑在什么位置出场。

向上突破性缺口的支撑买入，常常会有数次回踩支撑线的情况。因此尽量不要在回踩时买入，而应在第二次踩线后的回升买入。当然，这并不是金科玉律，只是一种经验，无法被证明。这需要我们在实际操盘过程中不断实

践和总结，提高我们的操盘手法，才能体会到其中的奥妙。

相比较而言，向上持续性缺口的做法会更加简单一些，因为它的走势会更加流畅，特别是后面的支撑，很少出现反复踩支撑的情况。所以在此就不赘述了。

总而言之，作为市场中极端情况的体现，向上突破性缺口和向上持续性缺口在短线操盘中具有非常重要的实战意义。不过投资者需要注意的是，在横盘震荡以及缺口频繁出现的行情中，缺口的价值就不再凸显，所以在设计相关交易系统时，应该结合其他技术方法过滤掉毫无意义的缺口，以便提高我们的胜率。

实盘精要 ━━━━━━━━━━━━━━━━━━━━━━━━━━━━━━━■

突破性缺口和持续性缺口，是选择强势个股的好方法。当你不知道去哪里寻找强势股时，便可以使用这个简单实用的方法，快速锁定短线操盘目标。不过，虽然此法极为简单，但想要运用好并不容易。最后仍然离不开熟能生巧的过程。

第六章

强势个股（2）：涨停策略

本章主要讲述涨停股的知识，为读者解开涨停股的秘密，同时帮助读者掌握追击涨停板的实用短线技术，并增强读者的选股能力。

突破性涨停

强势涨停突破买入法

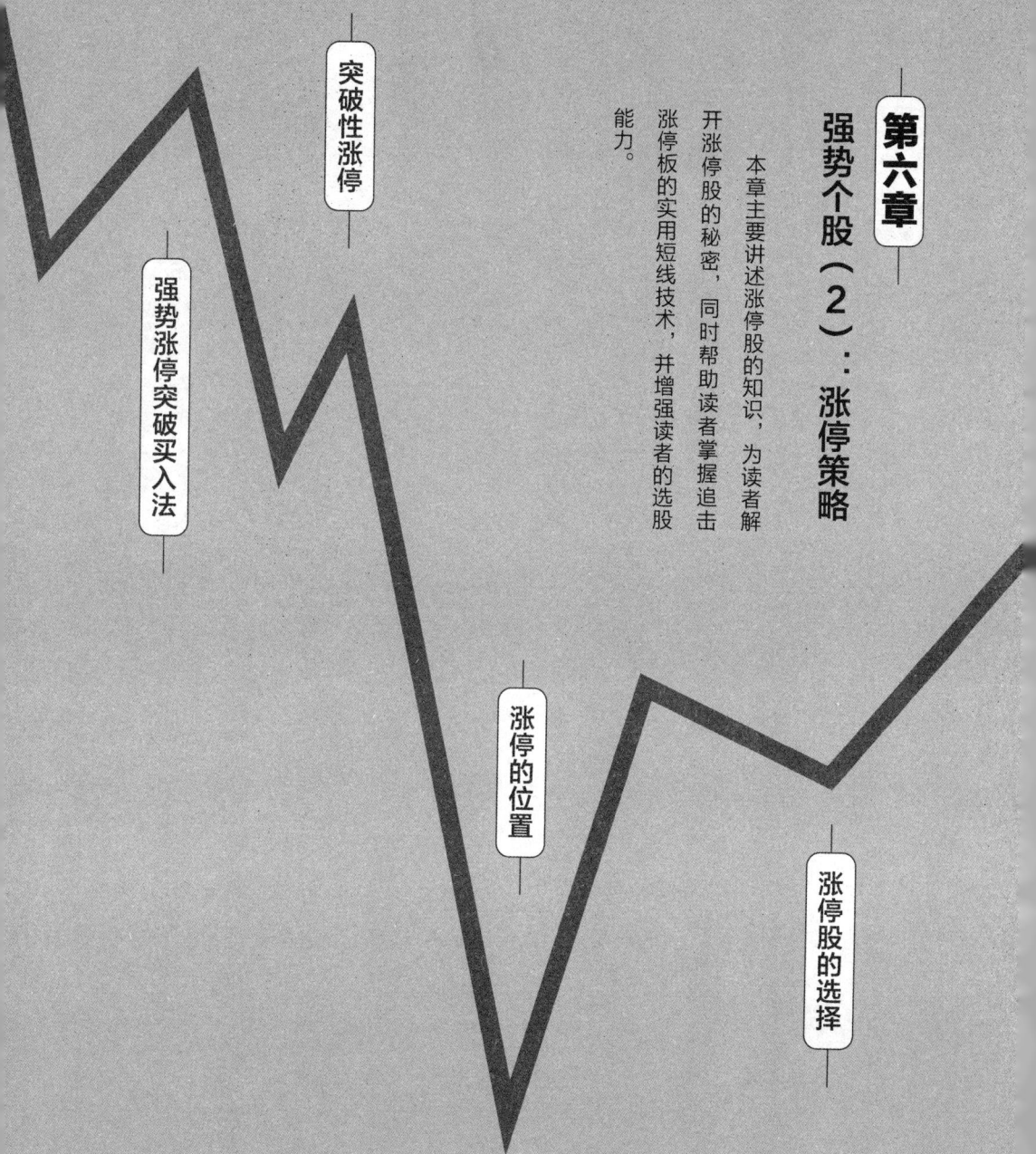

涨停的位置

涨停股的选择

1 涨停股的选择

绝大多数人想象中的涨停股做法是买入某只股票后出现涨停，但是这其实是小概率事件。到目前为止，还没有能够预测哪只股票会出现涨停的方法。每次买入个股都能涨停，这是幻想，千万不要迷信。

从实盘经验来看，涨停股主要用于鉴别强势股。如果你不懂如何选择强势股，那么不妨将每天出现的涨停股放进自己的股票池里，跟踪关注，并择机买入。从某个角度来说，涨停股就是强势股。

当然，涨停股只是短期强势股，同样是涨停股也有强弱之分。强势的涨停股往往拥有更好的短线操作价值，而弱势的涨停股所表现的涨势往往只是昙花一现。所以在进行涨停股的操作时，一定要注意分析涨停股的强弱，选择更为强势的涨停股进行买入操作。

涨停股各有特点，虽然都有强势表现，但如果存在多个涨停股需要选择时，相比较而言，以下几种涨停股具有更好的短线操作空间，可以选择好时机买入。

第一，盘子小的涨停股。因为小盘股的流通市值小，一小部分资金进场就能做大市值，但大盘股的市值不容易再做大。

第二，换手率高的涨停股。因为换手率高者收集到的筹码相对集中，浮筹很少，上涨压力较小，而换手率低者的浮筹较多，后市有较大的上涨阻力。

第三，涨停的次新股。从波动幅度的大小和股价活跃度来说，次新股明显优于老股。这对于短线操盘来说，具有很大的优势。

除了上面几种涨停股值得关注之外，还要在形态上进行挑选。尽量不要选择处于下降趋势当中的涨停股，比如，笔者很少操作下降趋势线之下的涨停，除非该涨停具有低位123结构这样的特殊形态，才会考虑买入。

如果你有实际操盘经验，就会发现在下降趋势当中的涨停，其后市很少有好的表现，所谓涨停的强势，往往是昙花一现。哪怕具有低位123结构，其后市的表现通常也只是小反弹，很少有一跃成为黑马股的情况。

实盘精要

涨停是强势股的一种表现，但并不是所有的涨停股都是强势的。若你确定以涨停股的短线操作策略为主，则要具体问题具体分析。将每天涨停的股票记录下来，然后根据形态，剔除其中较为弱势的股票，选出其中较为强势的股票。

② 涨停的位置

涨停的位置往往决定不同的操作意义。在快速下跌的过程中，出现一个涨停，往往只是一个反弹。而在股价站稳关键支撑后出现涨停，则代表后续走势会更加强劲。而位置比较高的涨停，则往往会有回调的需求。在相对高位或在大盘不好时，主力还有可能借涨停板出货。

因此，根据涨停的位置，我们可以采用不同的操作方法。不过，对高位低位的描述，很多人并不理解。不同的人眼中的高位和低位是不一样的。有的人认为是较低的位置，在另一人眼中可能就是较高的位置。这是一个难点。

那么，怎么判断涨停是否处在高位呢？笔者是这样认定的：在均线MA100之下出现的涨停，属于低位；而在均线MA100之上的涨停，属于高位。这个认定方法非常简单，不过实际运用时还需要具体问题具体分析。在此，主要讲一下低位的涨停分析。

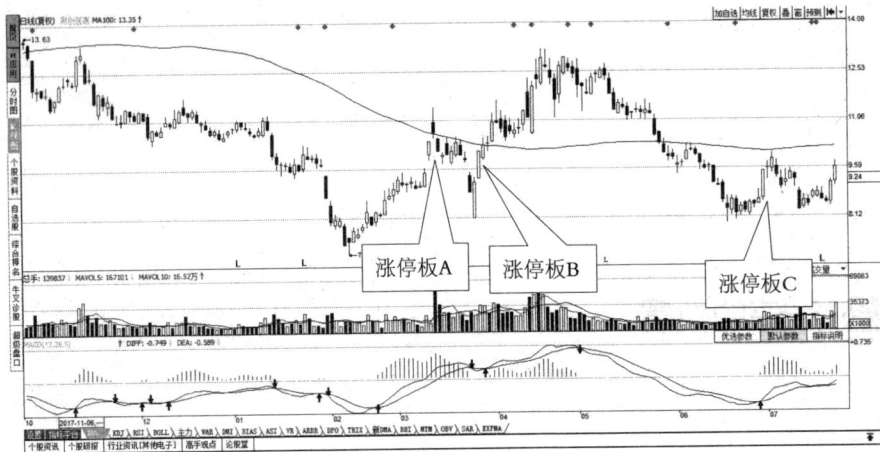

图6-1　思创医惠日K线图

如图6-1所示，2018年3月12日，思创医惠（300078）经过前期一波上涨，此时突然加速，跳空高开走出涨停板A。

3月27日，股价经过回调后恢复上涨，走出一个涨停板B。

6月29日，思创医惠经过一波下跌后，股价突然旱地拔葱出现一个涨停板C。

根据我们的定义，示例当中的3个涨停板都属于低位涨停，在上涨过程中都面临着上方均线MA100的压力。但它们的操作意义完全不同。

涨停A：此前股价有一个稳步上涨的过程，然后出现跳空缺口，价格加速上涨造成涨停，该涨停表现出股价处于短促爆发阶段特征，涨停爆发后往往具有较为强烈的回调需求。其操作意义就在于跳空后，涨停当天的追涨买入。涨停之后的几天买入意义不大，即便要买入，也只能做缺口支撑买入。

涨停B：在大幅快速回调后，股价一根大阳线恢复上涨后出现的一个涨停，尤其是该涨停完全收复前面回调时创造的下跌缺口，说明上涨力量很强，可以选择突破均线MA100买入。特别要说明的是，这个形态就好像蓄力出拳击打均线压力。这样的涨停之后有很好的买入意义。

涨停C：经过一段较为长期连续下跌的过程，并且股价已经走出下跌趋势线后，突然出现旱地拔葱式的涨停。这只是一个暂时性反弹，不宜在涨停后追入，而只宜在涨停前一天买入。不过，在反弹之后恢复下跌，股价不跌破前期低点，再次恢复上涨时可以尝试买入。

从力度上来说，涨停A是最强的，但因为它是加速爆发式的涨停，持久力是不够的，所以后市不太好操作。而涨停B力度偏弱，但因为有一个回调蓄力的过程，因此价格走得很稳，持续性很强。至于涨停C，因为它是反弹性质的涨停，带来的上涨持续性是最差的。至于操作层面来说，其实都可以操作，就看个人喜好。

市面上最常见的追涨方法主要做涨停A，就是涨停当天买入追涨，赚爆发性上涨的钱。这种涨停通常在开盘当天半小时之内就会封板，所以要求眼疾手快。就我个人而言，比较喜欢操作涨停B。至于涨停C，也有人做，但成功率比较低，目的是抓反弹，而不是追涨停。

实盘精要

跳空性质的涨停操作意义在于跳空缺口，而不在于涨停。如果以涨停来看，则很容易遭遇诱多陷阱。如果以缺口来看，即便遇到诱多陷阱，因为入场位比较低，止损会更小一些，可以有效保障资金安全。所以跳空涨停的后市操作，应以跳空缺口策略为主。

③ 突破性涨停

突破性涨停，指的是突破前期高点、趋势线或缺口的涨停。这样的涨停往往预示着上涨通道的打开，具有非常重要的意义。这与突破性缺口十分相似，而具备这样走势特征的个股很有可能发展成为强势股，所以应该加入自选股当中进行跟踪观察。

针对突破性涨停，主要还是短线方面的追涨。特别是在价格突破关键高点时，可以选择追击买入。如果当时没有买入，可以考虑在涨停板上尝试买进（当然，是否能够买到很难说）。这种突破性的涨停最好是在突破的关口进场，而在涨停板之后的几天买入，则面临回调的极大风险，要特别注意。

突破性涨停出现，往往随后数个交易日价格有极大的上冲空间。毫无疑问，这种突破性上涨具有很好的追涨意义，是短线投资的绝佳目标。可是，由于涨停板当日追买经常买不上，有许多人不甘心，经常会在随后第二天、第三天追高买入。其实这样做很危险。一旦遭遇回调，亏损会很大。无论是何种涨停形态，即便是旱地拔葱式直线上涨，在冲高之后都有回调的需求。所以要特别注意，涨停板之后冲高数日中，不要轻易追高买入，以免遭遇快速回调。

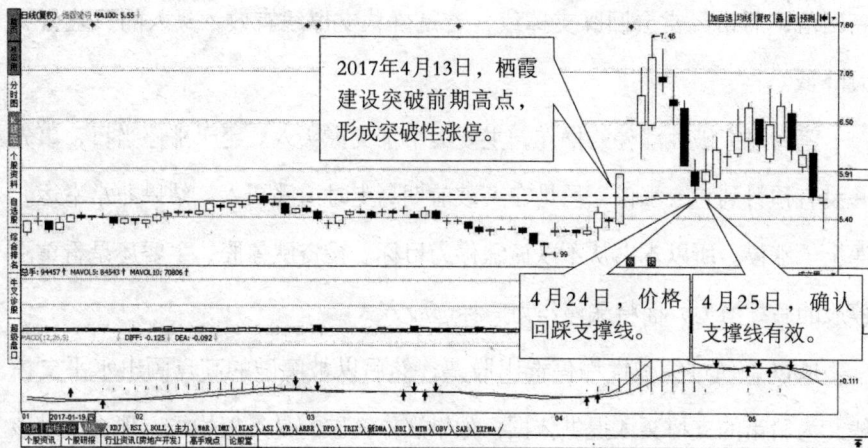

图6-2　栖霞建设日K线图

如图6-2所示，2017年4月13日，栖霞建设（600533）经过几日的价格回升后，突然涨停突破MA100均线以及前期高点，形成突破性涨停。突破高点时，可以追买。

4月24日，股价回踩支撑线。

4月25日，确认支撑线有效，尾盘可以进行支撑买入。

笔者认为，突破性涨停的当日追买，买得上是幸运，买不上也不要着急。所谓突破性涨停，是"突破"在前，"涨停"在后。所以不应以抓涨停为目标，因为没有人能够事先预知哪只股票会涨停，而应以做突破的思路来看，在突破前期高点时买入。从某种意义上来说，遇到涨停，是一种幸运，而不应成为一种追求。

当然，若是你不惧风险，在突破的位置没有买入，试图在涨停封板位置买入也是可以的。只要你能够把握好就行。而涨停当日没有买上，

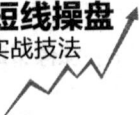

后市不去追高，可以等待支撑位买入。以图6-2为例，突破涨停后价格冲高回落，后市经常会回踩支撑线，若是确认支撑线有效，买入的风险会大大降低。

笔者对突破性涨停的操作，主要集中于支撑买入。至于涨停当日，事先并没有预料到它会涨停，只是在突破前期高点时追涨买入，结果非常幸运，遇上了涨停。所以本书从不以抓涨停为目标。投资涨停股，主要还是看重涨停股的后续潜力，而将涨停作为一种选股方式。

所以，通过突破性涨停选出股票，然后以被突破的高点画出水平支撑线，为后市的支撑买入提供依据；如果涨停突破的是某根均线，那么便以该均线的支撑作为后市买入依据；如果涨停突破的是下跌缺口，那么以该缺口的上边沿做支撑线当成后市买入依据。

总的来说，突破性涨停的买入方法，在涨停当天追击买入是比较安全的，随后几天价格冲高，则要注意减仓止盈，以免浮盈回撤。而涨停之后冲高的几天内买入则要慎重，因为此时短线操作的风险会增大。

实盘精要

突破性涨停是选择强势个股的一个方法，在实际应用中具有简单直观的特点，在一定程度上解决了选股的问题。尤其是短线投资者，运用好这种选股策略，可以帮助我们比较快速地获利，同时也有利于我们领悟强势股的内在逻辑。

4 强势涨停突破买入法

在A股市场当中，最被人们追捧的，大概就是"追击涨停板""涨停板敢死队"等词语。几乎每一个刚刚入场的新手都有过抓住涨停板的梦想，然而这只能是梦想，涨停板不是那么好抓的。当然，如果就在涨停板上买入，抓涨停的成功率会高一些，不过一旦遇到封不住的涨停板，那就糟糕了，结局往往十分悲惨。

千万不要盲目地追击涨停板，特别是不要轻易地只在封板位置买入。有的人以为打板就是在封板的位置买，实际上这样买风险很大。一旦遭遇天地板，那么一天的亏损就可以达到20%。假如第二天继续下跌，再来一个跌停板（这个概率很大），那么一下子就亏损30%。一旦连续跌停，连逃走的机会都没有。

所以，不要轻易追板。为了提高追板安全性，个人认为首先不能将自己的目标设定为打板（即封板价位买入），而应将目标设定为突破追涨。在此，介绍一种比较好的涨停买卖法，就是前面章节所讲的低位123结构分析。

第一，处于低点1与高点2之间的涨停，属于反弹性涨停，不买。

第二，在低点3后出现的涨停具有较强的操作意义，可以考虑买入。

第三，若在低点3后出现涨停，并且一举突破高点2，则属于强势突破的涨停，后市有很强的看涨意义，可以买入。

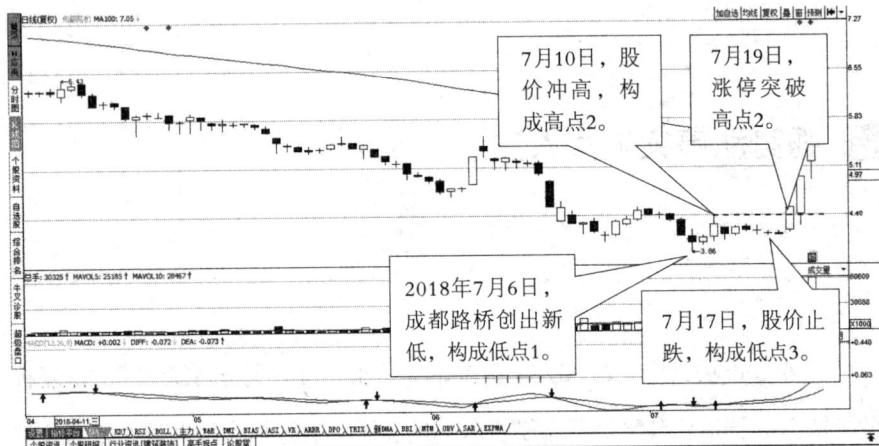

图6-3　成都路桥日K线图

如图6-3所示，2018年7月6日，成都路桥（002628）经过一波长期的下跌之后创出新低，构成低点1。

7月10日，股价冲高，构成高点2。

7月17日，股价止跌，构成低点3。

7月19日，股价涨停一举突破高点2，形成强势突破的涨停，可在当天追涨买入，也可在次日寻找时机买入。

上面示例股票的涨停，发生在整体处于下降趋势当中，本不应成为我们的操作目标，但我们严格按照低位123结构来操作，本来只为了做一个小反弹，却非常幸运地遇到了涨停。当然，由于这个涨停处于低位123结构的低点3之后并且突破高点2，所以还有很强的后续操作意义。

在低位123结构当中出现的关键突破性涨停，是比较安全的买入位置。即便如此，仍然不建议在封板处买入，而应以突破位置买入。实际上，这种买入方法重点不在于涨停，而在于低位123结构的突破。这样的话，不仅入场点有了，连止损点也非常清楚。

当然，每个人都有自己的操作手法，有的人就是喜欢打板，追求那种资金爆炸式增长的目标，只要能够把握好，就是很好的短线操盘方法。在此是出于安全的考虑，讲述突破性涨停的买入方法，希望对你有用。

实盘精要

在操作涨停股的过程中，一定要结合其他技术，包括趋势线、低位123结构、阻力与支撑、底背离、缺口等，还要结合大盘的情况，绝不能孤立地看涨停，更不能见到涨停就盲目杀入。前期我们所讲的各种技术，都可以应用到涨停个股当中去，或选股，或分析，或操作，这样才能真正搭建起自己的交易系统。

第七章

强势个股（3）：热点策略

本章主要讲述热点题材股的投资策略，通常一个题材热点出现，会在两三天内出现价格大幅上涨现象，所以成为短线操盘者的重点关注目标。短线操盘者对题材热点的把握是相当重要的。

寻找热点题材

热点题材龙头买入法

常见的题材板块

题材炒作的规律

1 题材炒作的规律

在A股市场上，我们会碰到各种各样的题材、板块和概念。虽然题材、板块、概念的名称不同，但是其内在的本质是相同的，指的是具有某个共同点的一堆股票，因此题材、板块、概念的名称往往可以替换。比如，"人工智能概念"，也可以称为"人工智能板块"。

但是，有些说法已经约定俗成，则不能更换称呼。比如，涉及行业、地域的称为板块，如计算机板块、上海板块，而不会称为"计算机概念""上海题材"。无论叫法是否变换，其实并不重要。对我们短线操盘者来说，重要的是理解题材的炒作逻辑。

在A股市场中，有着非常明显的题材炒作痕迹。若不能理解这一点，便无法做好题材热点股的短线操作。

第一，理解短期的热点题材炒作基本逻辑。许多人对概念炒作、板块炒作很不屑，不能理解这些东西，那么最好不要参与短线操盘。因为他们头脑里的市场印象是不准确的，一旦他们参与短线操盘，往往会想着一下子赚到天边。然而对概念炒作具有基本认识的人，通常便知道热点股的上涨空间往往都是几天而已，所以吃一把，差不多就要止盈。

第二，同一题材的个股之间存在联动性。相同题材、相同概念、同一板块的股票，往往呈现齐涨齐跌的走势。如果题材炒作持续较长时间，那么该题材当中的个股经常会出现轮动上涨的情况。比如，2016年的锂电池轮番炒作潮，就是锂电池板块中的个股出现轮番上涨的情况，在大熊市的环境中，造就一波锂电板块的小牛市。

第三，牛市和熊市的热点炒作情况有所不同。在牛市当中，几乎所有的热点都会轮动一遍，特别是券商资管之类的相关板块，往往会先火起来。不过，在牛市初期、中期，通常是中小盘股先起来，在牛市后期是小盘股的炒作。而在熊市初期，往往是保险股有热点，大盘股、蓝筹股还有救市行情。在熊市中期，则会有许多闪跌的情况，火爆的主要是绩优股。不同的市场环境有不同的题材热点。

市场炒作离不开题材，板块轮炒也是经常出现的市场现象。当然，具体问题还需要具体分析。不同题材的炒作也有所不同，而能够充分地认识和识别热点题材和板块，对短线投资会有相当大的帮助。

实盘精要

对题材热点的把握，是短线交易者的基本功。特别是一些超短线交易，对题材热点个股的精准抓取，是提高投资成功率的一条捷径。平时一定要积累题材热点股票，不要怕烦琐。经常性地研究题材，可以提高选股能力。

② 常见的题材板块

了解常见的题材板块，并掌握常见题材板块中的代表性个股，是短线投资者的入门必修课。只有熟悉才能帮助你在热点爆发的那一刻快速找到投资目标。掌握这些常见的板块个股，往往可以在一些特定的时间里进行短线操作。

比如，在大盘大跌、熊市到来的时候，题材炒作者们往往会买"保险"，特别是"中国平安"往往会受到投资者的青睐。又比如，冬天来临时，天气太冷，题材炒作者往往会关注煤炭板块的个股，这时候往往可以在煤炭个股上做一做短线。还有，外国大规模军演，威胁国家安全，军工板块就成为资金流向的目标。

下面列举一些常见的板块、题材和具有代表性的个股，可以帮助我们在机会来临时快速锁定投资目标，如表7-1、表7-2所示。

表7-1 常见板块及代表个股

常见板块	代表个股
医药板块	恒瑞医药、东阿阿胶、片仔癀、联环药业
锂电板块	天齐锂业、赣锋锂业、多氟多、亿纬锂能
地产板块	万科A、保利地产、金地集团、首开股份
券商板块	西部证券、国金证券、中信证券、海通证券
保险板块	中国平安、中国人寿、中国太保、新华保险
军工板块	航天机电、中航机电、航天长峰、北方导航
物流板块	顺丰控股、申通快递、飞马国际、德邦股份
钢铁板块	宝钢股份、包钢股份、马钢股份、武钢股份
银行板块	招商银行、中信银行、平安银行、兴业银行
煤炭板块	中国神华、大同煤业、平煤股份、陕西黑猫
有色板块	铜陵有色、江西铜业、云南铜业、中国铝业
机械板块	三一重工、徐工机械、中联重科、柳工
白酒板块	贵州茅台、五粮液、洋河股份、古井贡酒
零售板块	永辉超市、豫园股份、新华百货、南京中百
农业板块	隆平高科、新农开发、禾丰牧业、北大荒
高端装备	中国中车、机器人、航发动力、潍柴动力
移动支付	恒生电子、国民技术、数字认证、用友网络

表7-1所示的常见板块及其代表个股并不全面,所以在实际操作过程中不能按部就班,还需要灵活运用。比如,高端装备板块虽然突然成为热点,但其中的龙头未必是表中所列四只代表个股中的任何一只,那么在实际操作过程中,就要随时调整目标。

另外，表7-1只列出了17个常见板块，但A股市场上显然不只这么几个常见板块，自然还有其他一些板块也很常见，在此囿于篇幅，不再一一赘述。

表7-2 常见题材及代表个股

常见题材	代表个股
二胎概念	皇氏集团、群兴玩具、爱婴室、科迪乳业
养老概念	迪安诊断、尚荣医疗、悦心健康、鱼跃医疗
芯片概念	紫光国微、士兰微、华天科技、中科曙光
环保概念	三聚环保、智慧能源、双良节能、清水源
人工智能	暴风集团、四图维新、科沃斯、三六零
智慧城市	启明星辰、科大讯飞、先锋电子、浪潮信息
雄安新区	四通新材、保变电气、建投能源、津滨发展

表7-2所示的常见题材及代表个股，同样不很全面，并且代表股不等于龙头股，在实际操作中应灵活对待。热点题材非常多，但往往只在一段时间内突然爆热，然后迅速走冷。所以进行题材热点的操作，一定要快速。否则，必然出现大幅度的亏损，短线买卖变成长线持有。那样的话，就突破了短线操盘的规则。

总的来说，在市场方向不明朗时，题材、板块之间的热点转换会很快，所以熟悉几个常见的题材、板块对我们把握板块间的轮动会有很大帮助。因此，热点题材的选择，不求全面，但求精到。

实盘精要

　　平时注意收集常见题材及代表个股。当一个时间段中，某个题材成为热点时，我们可以将之加入自己的题材收集列表当中，这样做可以适时地发现题材当中表现最好的几只个股，从而建立自己的题材热点股票池。比如，"一带一路"概念刚出来时，你可以找到其中表现最好的几只股票，同时适时地进行调整，这可以帮助你锁定真正的题材热点股票。

3 寻找热点题材

在股票市场中，题材板块有很多，不过在短期内上涨的题材板块却不多。对短线操盘而言，就是要找到当下的热点，及时跟进，这样才能获得短线操盘利润。因此，当下的热点题材，才是短线操盘者需要关注的。那么短线操盘者该如何发掘热点板块呢？

第一，突发事件引起资金快速流入，引爆热点题材。经常听人说，有资金就有行情，因此许多投资者往往特别喜欢关注资金流向、成交量来发掘热点板块。但事实证明，资金流入并不见得股价就出现爆发性上涨。很多时候，股价快速上涨更需要引爆点，而一些突发事件往往可以引发某一题材板块短期爆发。

2018年4月16日，美国商务部下令禁止美国公司向中兴通讯出口电讯零部件产品，引发中兴通讯出现芯片危机。因为这一事件，A股市场当中的芯片概念股吸引大量资金流入，迅速走强。4月18日，芯片概念指数正式引爆，当天上涨6.60%，成为名副其实的热点题材（见图7-1）。

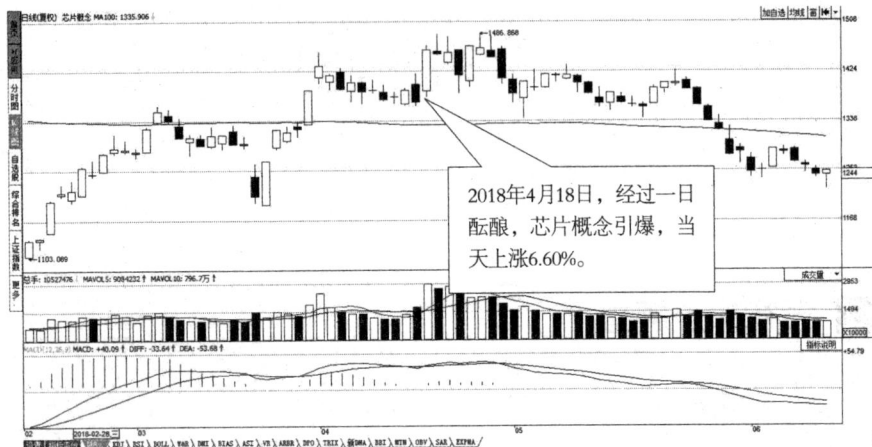

2018年4月18日，经过一日酝酿，芯片概念引爆，当天上涨6.60%。

图7-1　芯片概念指数日K线图

第二，国家政策的新动向。一直以来，中国股市被称为"政策市"，国家政策有什么风吹草动，很快就会在股市中引起反应。遇到国家新出台的某项政策，对某个行业或板块构成重大利好，各路资金一拥而上，"行情"马上就起来了。

例如，2015年3月28日，国家发展改革委、外交部、商务部联合发布了《推动共建丝绸之路经济带和21世纪海上丝绸之路的愿景与行动》。这就引起了"一带一路"题材的走热，带动相关板块个股轮番上涨。

第三，社会经济形势的新变化。经济形势的重大变化，会影响到股市炒作热点的变化。特别是市场当中的供需变化，往往会对题材热点产生比较大的影响。比如，随着中国经济发展，人民生活水平不断提高，带来了消费升级的需求。无论是工业方面，还是生活方面，都有高端装备制造的需求。这也导致了高端装备板块的走热。

以上三点是题材成就热点的重要原因，其中反应最快的就是突发事件，但它的影响不会太长，只能用于短炒，而政策出台、经济形势变化则具有较长的影响力，所以相关题材会经历反复炒作的过程。

　　其实，寻找热点题材很简单，只需要看当天收盘时题材指数涨幅最大的那个就行。提前关注题材是为了熟悉其中的个股，找出其中的代表个股。关键是热点题材当中的个股研究，这有助于找出龙头股，为短线操作提供重要参考。

实盘精要

　　题材的炒作往往都会经历蓄势、升温、大热的过程。而短线操盘者没有必要一开始就急不可耐地买入股票，而应在板块升温阶段密切关注，分析并选出其中的龙头股。当题材板块进入大热阶段时，则可以买入龙头股，进入资金短线暴涨的模式。

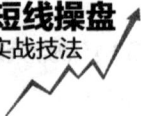

4 热点题材龙头买入法

找到热点题材后，不可能随便选一只股票买入。虽然题材是热点，但不代表题材中的所有个股都是好股票。哪怕是同处于热点题材当中，股票也有好有坏。有的涨得快，有的涨得慢。对短线操盘者而言，此时最重要的是找到其中的龙头股。只有龙头股，风险小，收益大，才是短线的最佳交易品种。

那么，我们该如何找出龙头股呢？一般来说，龙头股具有这样一些特点：涨停速度最快、流通市值偏小、受益最直接、历史地位较高、资金参与度高。在这几个特点当中，前面两个是比较好把握的，而后面三个特点是不太好分辨的。不过，很多时候短线操作根据前两个特点就已经可以选出龙头股。

以2018年4月18日芯片概念整体上涨为例，当天芯片概念板块指数上涨6.60%，最高涨幅达到7.34%。该题材中有20只个股涨停，其中有3只上午直接涨停封板，为兆日科技、国民技术、必创科技，还有3只上午涨停没有封住，下午涨停封板，为兆易创新、兴森科技、富瀚微，剩下14只芯片概念涨停股都是在下午涨停封板的。毫无疑问，此时芯片概念板块中最强的3只股票就是兆日科技、国民技术、必创科技。

根据涨停的速度，最快的就是国民技术，其涨停封板时间为9：36，兆日科技涨停封板时间是9：46，必创科技涨停封板时间是9：58，时间不相上下，不好剔除。从流通市值来看，最小的就是必创科技，其流通市值约为17亿元，兆日科技约为23亿元，国民技术为51亿元。就流通市值而言，国民技术比前二者要大很多，可以剔除。这样一来，兆日科技、必创科技的优势便凸显出来了。

接下来，我们可以比较3只股票的形态。

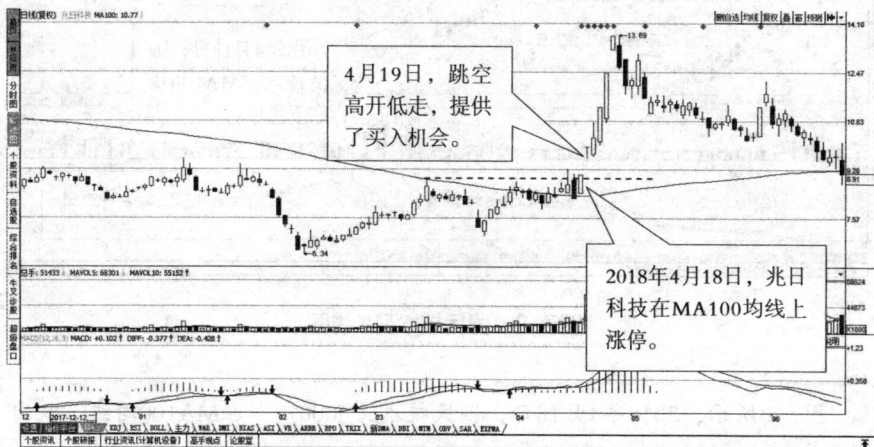

图7-2　兆日科技日K线图

图7-2所示，2018年4月18日，兆日科技（300333）经过数日整理，在MA100均线上站稳，爆发涨停。

4月19日，股价跳空高开，随后低走，提供买入机会。

兆日科技4月18日收出涨停阳线之前，股价已经突破了MA100均线，并且还有较大幅度的回踩均线，此时涨停说明价格稳定；同时，价格走势已经形成了低位123结构，而该涨停属于低点3之后突破高点2的涨停，具有短线强势的特征，是非常好的入场位置。

比较令人振奋的是，兆日科技第二天跳空高开，并没有直接封板，而是价格有一瞬间的走低，为投资者提供了买入机会。

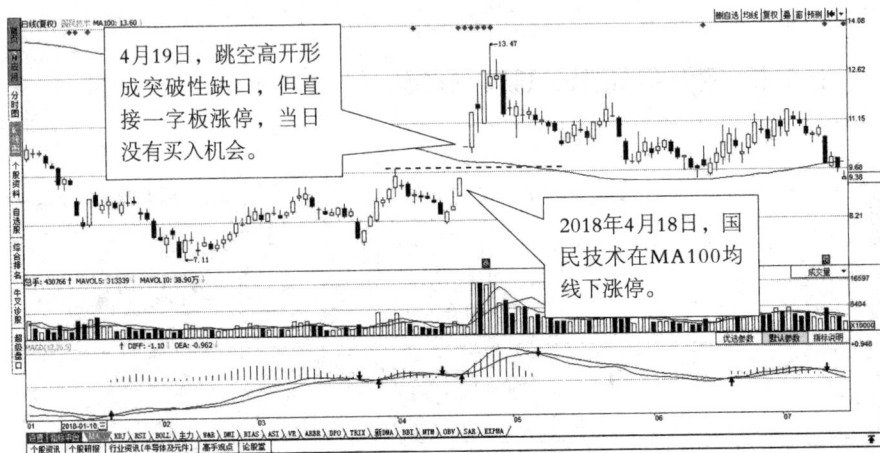

图7-3　国民技术日K线图

图7-3所示，2018年4月18日，国民技术（300077）在MA100均线下收出一根涨停阳线。

4月19日，越过前期高点、MA100均线，跳空高开一字板涨停，形成突破性缺口。

国民技术与兆日科技的走势形态有些类似，具有低位123结构，该涨停处于低位123结构的低点3之后尚未突破高点2，所以形态表现略逊于兆日科技当日的涨停板。国民技术虽然涨停，但价格尚处于均线之下，而兆日科技当日的涨停板已经完美站稳MA100均线。二者比较而言，兆日科技更有优势。

更为重要的是，4月19日开盘，国民技术直接一字板涨停，没有给投资者提供买入机会。不过，该股4月19日的跳空形成了突破性缺口，却是一个很好的形态。因此，该股的操作逻辑不是"热点+涨停"，而是"热点+突破性缺口"。

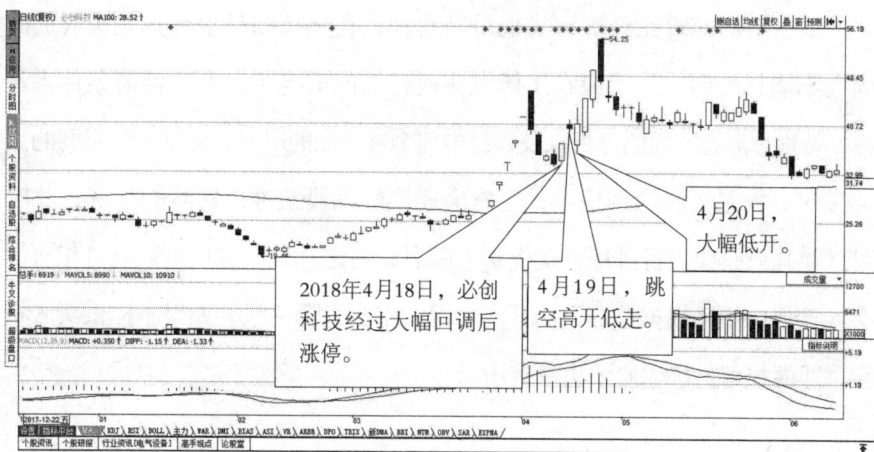

图7-4　必创科技日K线图

图7-4所示，2018年4月18日，必创科技（300667）经过前期"六连板"上涨后接着大幅回调，然后收出一个涨停。

4月19日，跳空高开，随后走低。

4月20日，大幅低开，随后走高。

从形态上来看，必创科技此前不久已经有过"六连板"强势表现。4月18日的涨停，是经过连续涨停接着快速回调后形成的，虽然它当日涨停时间

很快，干脆果断，并且流通市值也极小，但是这种高位涨停有出货嫌疑，后市的表现恐怕没有太大优势。

结合上一节图7-1的芯片概念指数日K线图，我们知道其实在"中兴通讯芯片禁售"这一突发事件发生之前，芯片概念板块已经有了一波很大的涨幅。换句话说，之前该涨的芯片概念个股如紫光国微、中科曙光等已经涨过了，其中当然也包括必创科技，此时更换龙头，轻装上阵，接力上涨的可能性更大。毫无疑问，对比必创科技的走势，兆日科技的形态优势明显。

依据上面的对比分析，我们可以看到，在热点题材中寻找龙头股的时候，不能思维僵化，而应在了解龙头股特征的前提下，结合其他条件来选择，特别是形态方面的分析以及题材内部个股轮动的研究，也是十分重要的。

在寻找龙头股的过程中，经常会遇到数只股票难以判断的情况，此时可以为几只股票进行排序，优先买入哪只，备选几只，这样可以制订相应的买入计划，然后根据第二天的开盘情况决定买入哪一只。如果不提供买入机会，即便找到再好的股票也没有用。

实盘精要

有人担心股市反应太快，觉得很难跟进，其实股市总会给市场一定的反应时间，政策出台与经济形势变化引发的题材热炒，通常不会在短时间内结束，总是要经过几波轮动炒作的。而突发事件引发的题材热点，属于不可预料的黑天鹅事件，没有人能提前买入，就像"中兴通讯芯片危机"引爆的题材热点，也经过了一天的时间酝酿，足够我们找到其中的龙头。

第八章
风险控制（1）：止损方法

本章主要讲述止损这一重要的风险控制方法，其中包括自然止损、固定止损以及指标止损等，从实际应用的角度帮助读者建立风险意识，让读者认识到止损的必要性，从而掌握止损这一防止意外发生的重要手段。

固定止损法

指标均线止损法

自然止损法

认识止损

1 认识止损

　　每个来到市场的投资者，基本上都听说过止损。什么是止损呢？当投资操作出现的亏损已经达到预定资金数量时，及时斩仓出局，避免形成更大的亏损。这就是止损。如果我们每次都能够将自己的亏损限定在一个极小的范围之内，就可以快速提高我们的市场生存能力，并降低破产风险。

　　但是能够真正做好止损的人并不多，因为止损是违背人性的。人性追逐欲望，热衷冒险，却害怕损失。刚刚进入市场，许多人头脑里想到的是赚很多钱，而忽略风险的存在。止损在他们的头脑里是可有可无的事情，常常得不到重视。

　　股票买入之后价格出现反走，有的人马上离场，有的人选择死扛。马上离场的人虽然不代表他真的理解止损，但他最起码保证不亏大钱。而死扛的人很可能会遭受重大的损失。当然，市场恢复上涨的可能性也是存在的，但这要看运气。而运气不好，结果必然是极为悲惨的。

　　投资者不应该总想着市场会放过我们，而应从自己所能控制的事情做起。一旦感觉到危险到来，就要随时改变自己原来的观点。不要妄图战胜市场，更不要在资本市场中做英雄，不要想着为国接盘、赌国运之类的事情。

自我感觉良好是十分危险的事情。

投资者需要永远质疑自己的能力和判断。我们需要自信，但要随时审视自己的自信——如果自信可能给资金带来巨大的损害，那么自信显然是有问题的。我们常常会觉得是自己做错了某些事情才走向失败，但其实失败是从我们认定自己无比正确时开始的。

固执己见是投资成功的大敌。买入某只股票之后，不代表我们一定是对的，也不代表一定要坚持持仓到底。如果没有盈利，一切都证明我们所买的仓位是错误的，那么止损是最好的选择。只有盈利才是我们坚持持仓下去的理由。错了就止损出场，止损会让我们损失一些金钱，但不止损会让我们失去明天继续参与市场的机会。

止损做得好了，还可以帮助我们过滤入场点。如果市场告诉我们要在某个价位设置止损，而这一止损空间因过大而让我们感觉不舒服，我们就不入市。还有，如果市场告诉我们的止损位置风险过大，我们也不入市。

成熟的操盘手必定重视止损，须知一旦放弃止损保护，就会给本金带来灭顶之灾。对每位投资者来说，保住本金是基本要求，赚钱是次要的。止损的意义在于控制亏损、保住本金。所以短线作手都要注意止损的设置。

实盘精要

止损方法很多，五花八门，数不胜数，自然止损、固定止损、指标均线止损，只要掌握其中一两种就可以了，没有必要去学习太多的止损方法。其实各种止损方法大同小异，内在思想是一致的，就是控制风险。学习止损，并使用止损，重点在于树立风险控制的思想。

2 自然止损法

自然止损法就是利用价格走势天然形成的高低点，进行支撑与阻力性的止损。在只能做多的市场中，便以价格走势天然形成的低点支撑位做止损，这是最简便，同时也是应用最多的止损方法。这种方法适用于日内、短线、波段、中长线等所有交易策略。利用这个方法的前提是，全面准确判断支撑和压力。

这个方法的优点是可以让止损和止盈的设置尽可能跟随当时市场的波动，缺点是因为使用者太多，所以常常会出现假突破。因此应用这个方法时，要注意在退出市场后再按照新信号重新入市。其实使用低位123结构入市时利用低点3进行止损，就是自然止损的一种。

当买入某只股票后，如果其价格随后上涨，我们就可以根据其走势回调形成的低点，进行移动止损，这样一步一步地推升止损，便可以跟随走势，扩大盈利。

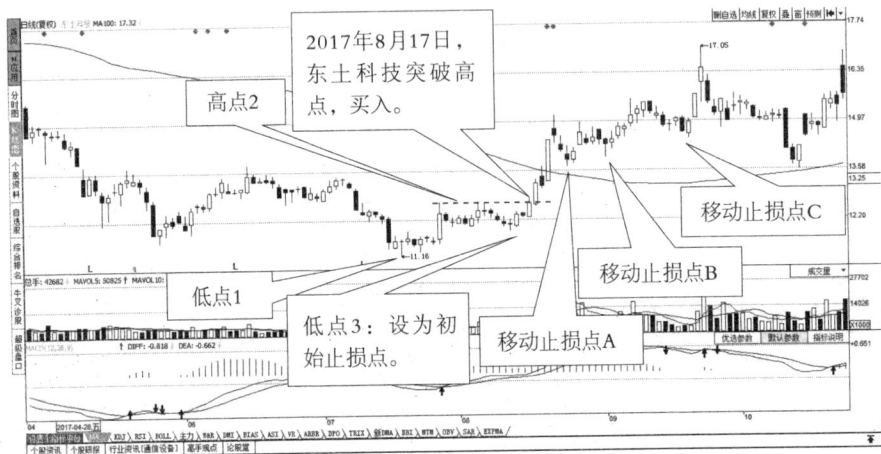

图8-1 东土科技日K线图

图8-1所示，2017年8月17日，东土科技（300353）收出一根大阳线，一举突破前期的小高点2，可以买入。随后股价上涨。

8月24日，股价在上涨后回调，形成一个低点。可设为止损点，标记为移动止损点A。

9月1日，股价上涨后回调，又形成了一个低点。可设为止损点，标记为移动止损点B。

9月20日，股价上涨后回调，再形成一个低点。可设为止损点，标记为移动止损点C。

如图8-1所示，该股走势有很明显的低位123结构，我们可以在此时买入该股，同时把低点3的位置作为止损的位置，有效地防范下跌风险。如果股价在我们买入之后掉头向下，证明我们买入错误，则在低位123结构中的低点3位置止损出场。

如果后面的价格走势证明我们的买入方向正确，便一直持有该股。股价很快上扬，然后出现移动止损点A、B、C。随着股价继续走高，我们可以将止损点依次上移至移动止损点A、B、C位置。这样不断推升止损位置，扩大盈利范围。

自然止损的优势十分明显，可以帮助投资者学会耐心持股。买入后，需要等待价格上冲验证我们的判断是否正确。如果买入正确，我们还需要等待再次形成一个新的低点，这样才能移动止损位。因为止损的逻辑是清晰的，这样便可以保证执行力，使得股价充分发展，获得更大的投资利润。

实盘精要

运用低位123结构买入与自然止损法相互搭配，可以帮助我们建立清晰的投资计划，防范可能发生的风险。而且，入场的时候，我们就能计算出自己如果买入失败会损失多少钱，这有助于资金的管理与仓位的调整。

3 固定止损法

以资金计算来做固定止损，这也是常见的止损方式。其优势在于将资金管理直接纳入止损策略当中，更加便于我们计算自己的损益状况。一般来说，固定止损法主要有两种：固定比例止损法和固定额度止损法。

固定比例止损法，是最常见的固定止损方法。很多人都会采用这种止损方法。常见的固定止损比例有总资金的1%、总资金的2%、总资金的3%、总资金的10%等。一般来说，短线操盘的固定止损比例应尽可能小。

固定比例止损方法的好处，在于仓位可以随着总资金的变化而变化：当连续亏损，导致总资金收缩时，相应的止损额度也会减少；而当连续盈利，使得总资金增加时，相应的止损额度也会放大。这样止损具有很强的弹性，可以保证长时间参与游戏。

例如，初始资金为20万元，固定止损比例为5%，那么第一次止损额度为：20万元×5%=1万元。若第一次买入被止损，剩余资金为19万元，那么第二次止损额度为：19万元×5%=0.95万元。若第二次买入成功，赚取5万元，则总资金为19万元+5万元=24万元，那么第三次止损额度则为：24万元×5%=1.2万元。

这样，止损额度随着资金大小发生变化，不仅可以防范风险，还可以有效地进行资金的管理。

除了固定比例的止损方法之外，还有固定额度的止损方法。每次的止损额度都是一样的，可以清楚地计算自己的交易次数与胜率，以便调整自己的策略。

例如，初始资金20万元，固定止损额度为1万元，那么每次买入亏损1万元便离场。不论后面总资金增长还是减少，止损的额度始终不变。如果连续亏损20次，就会导致破产。

那么，这两种止损方式哪一种更好呢？下面我们采用两种不同的资金管理方式，账户资本都为20万元，盈亏比为1：3，在准确率极低的情况下交易20笔，参看表8-1。

表8-1　两种固定止损方式的表现

交易单号	交易结果	固定比例（5%）	固定额度（1万元）
1	盈利	230000	230000
2	盈利	264500	260000
3	亏损	251275	250000
4	亏损	238711	240000
5	亏损	226775	230000
6	亏损	215436	220000
7	亏损	204664	210000
8	亏损	194430	200000
9	亏损	184708	190000

（续表）

交易单号	交易结果	固定比例（5%）	固定额度（1万元）
10	亏损	175472	180000
11	亏损	166698	170000
12	亏损	158363	160000
13	亏损	150444	150000
14	亏损	142921	140000
15	亏损	135774	130000
16	亏损	128985	120000
17	盈利	148332	150000
18	亏损	140915	140000
19	亏损	133869	130000
20	亏损	127175	120000

从表8-1中我们可以看出，在连续盈利的情况下，固定比例的止损方法可以有效地放大盈利，有效增加总资金，而在遭遇连续亏损的情况下，固定比例的止损方法则会自动减少亏损，降低破产风险。

而在连续亏损的情况下，固定额度的止损方法所带来的破产风险会稍高一些，但其实相差不大。从资金管理的灵活性方面来看，固定额度的止损方法也不如固定比例的止损方法。不过，固定额度的止损方法胜在损益额度清晰。

总的来说，两种固定止损方式都是很不错的。我们可以根据自己的情况，自行选择其中一种止损方式。

实盘精要

　　固定止损方式是有效的风险控制技术，如果能够结合自然止损方法，就可以很好地控制我们的破产风险，避免出现大幅度亏损的情况。对短线交易者的建议是每次的止损额度或比例都应该尽可能小，这样才能最大限度地降低破产情况的发生。

4 指标均线止损法

止损应该尽可能灵活，在短线操盘过程中，利用指标均线进行止损，是极为常见的方法。相信很多人使用过均线止损。所谓"突破均线买入，跌破均线卖出"，每个人似乎都懂得这种操作方法。但实际运用的效果往往并不理想。其原因主要还是缺乏灵活性。

经常看到一些人使用某一均线做止损，而不考虑价格走势的情况。这样的止损就非常盲目，并且缺乏灵活性。所以建议你使用均线组合来做止损，这样会更加灵活。

当股价上涨很快，直线拉升，就选择小参数的MA5均线来进行止损。

当股价上涨速度较慢，但十分稳定时，则使用MA10均线或MA20均线来止损。

当大牛市来临，则使用MA60均线、MA120均线或更大参数的均线来止损。

很简单的止损方法，每个人都可以使用。这个灵活的均线组合止损方式，特别像前面章节里提到的大盘指数复合买卖方法，其实二者的内在思想是一样的。

在使用多条均线组合进行止损的时候，有的人觉得太凌乱，不好操作。那么你可以分步骤来做止损：首先，看清楚股价上涨的速度和形态；其次，再加上需要的止损均线。

根据笔者的短线操作习惯，常会使用MA10均线做跌破止损，使用MA20均线做升破买入，效果一直很好。如图8-2所示，其中使用的就是MA10均线、MA20均线。如果结合前文讲到过的分析方法和买入策略，准确率也挺高的。

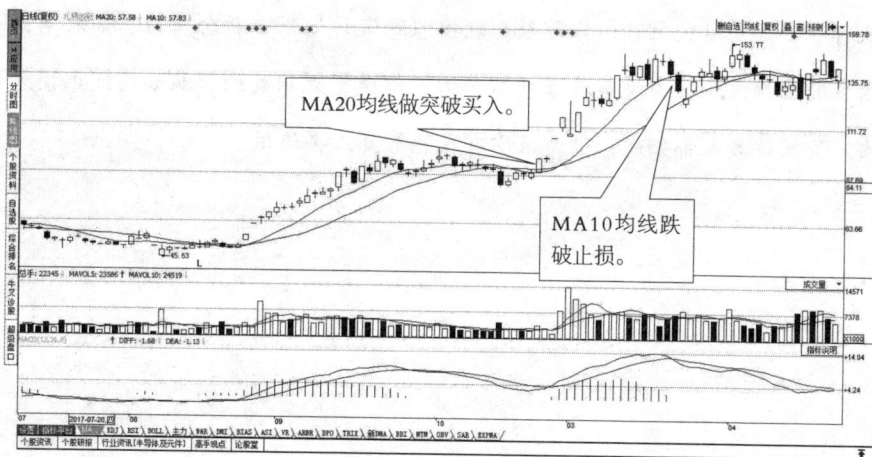

图8-2 均线买入与止损

那种特别厉害的高手使用MA5均线做短线，但笔者一直做得不好。因为实在太小了，看不清楚。所以，笔者经常使用的均线组合是：MA10均线止损+MA20均线入场，MA20均线止损+MA60均线入场，MA60均线止损+MA100均线入场。把大参数均线作为升破买入信号线，小参数均线作为跌

破止损信号线。

这样的均线组合形式，不仅买入策略问题解决了，还解决了止损策略，是十分简单而有效的方法。可惜在实际的股市操作上，很少有人愿意使用这样简单的方法。

总的来说，止损的方法有很多，并不局限于本书所讲的几种，每个人都可以找到自己习惯的止损方式灵活运用。比如，有些长期持仓者可以在大盘走势破位时做止损，这种止损方式往往比较安全。

实盘精要

其实止损方式学会一种即可，重点不在于掌握多少止损方式，而在于执行——当亏损发生时，你是否真能按照既定计划下手斩仓出局。如果掌握很多的止损方法，却没有真正的执行力，那是毫无用处的。就如均线止损方法，虽然许多人都知道，但是很少有人能够真正去使用。

第九章

风险控制（2）：仓位管理

本章主要讲述仓位管理的风险控制策略，其中包括止损、轻仓、加码、止盈等问题，从资金风险角度论述加仓与减仓的逻辑以及频繁交易的问题，帮助读者掌握「减小损失、放大盈利」的投资方法。

分批止盈：赢出好心态

适时空仓：节奏很重要

顺势加仓：扩大盈利

轻仓入场：做错小亏

1 轻仓入场：做错小亏

说到轻仓入场，许多读者可能会不同意：短线受到波幅的限制，盈利空间有限，瞅准机会就应该重仓出击。其实这没有错。笔者同意短线重仓的观点，但不同意的是一次性重仓。若是笔者打算半仓做短线，就会将半仓资金分成三等份或五等份，在60分钟周期上择机分批轻仓买入。

轻仓的目的是最大限度地降低风险。如果趋势方向符合判断，那么可以后续加仓。而如果方向不符合判断，则可以止损出局，这样亏损就会很小。重仓的风险就在于一旦做错方向，亏损额度会很大。这样不仅威胁本金安全，还会很大程度上影响操盘者的心态，一旦情绪失控，那么破产的风险就会呈几何倍数增长。

无论是有多少钱，都要注意分成几等份进行投资。这就好比战场对敌，一股脑将部队全押上去，即便能够获胜，往往也会惨胜，而假如分兵而战，留出预备队，在关键时刻打出去，往往能够收到奇效。

当然，你也可以根据自己的理念选择一次性重仓或满仓，不过这需要其他策略的相互配合。至于使用什么策略相配合可以达到理想效果，笔者并不清楚，因为个人对重仓或满仓策略不理解，所以需要每个交易者自己探索。

从风险控制的角度，轻仓入场毫无疑问是最安全的。无论是进行防守，还是随后展开进攻，都具有很大的灵活性。所以我始终很难理解一次性重仓或满仓的理念。这不是对错问题，而是个人的性格与理念决定的。

所以，认识自己是极为重要的一件事。从自身的性格特点和思想理念出发，规划自己的操作，这是新手入门最快的方式。在投资领域里，许多失败的人主要就是因为不能认识自己，而采取完全不符合个人理念的方法，结果无法驾驭该方法。因为不符合自身理念和性格特点的方法，往往存在"性格本能"与方法产生冲突，最终导致失控的巨大风险。

有的人看到他人重仓赚了大钱，就觉得重仓才是对的。记住，无关对错。人家重仓赚钱，是因为人家能够使用好重仓。人家做的是自己能够做好的事。在交易市场上，一定要实事求是，永远不要做超出自己能力范围的事情。

很多人是因为着急赚钱，所以频繁重仓出击。这就更加不可取了。赚钱不是着急就能成的事，做事总要讲究客观规律，没有那么多一夜暴富的事情。如果这个市场上真的那么容易赚钱的话，那么这个市场还会存在吗？思考一下市场里常问的话：如果人人都赚钱，那么谁赔钱啊？赚钱是急不来的，着急赚钱不是重仓的理由。

即便开始是轻仓，如果没有好机会，也不要将自己的持仓发展成为重仓。市场里的好机会可能很多，但是符合你的操作理念并且你有能力抓住的好机会其实并不多。你只能在自己能够抓住的好机会上想办法重仓，而实际操盘过程中，你会发现这样的机会其实很少。

有多大能力吃多少饭，这是从客观实际出发。没有能力驾驭手中的方法，就不要放大自己的欲望，那样注定是悲剧。人还是要认识自己，认识客观规律，从客观实际出发去做投资。如果还没有能力驾驭重仓，那么就从轻仓开始吧，多给自己一些时间，也是给自己机会。

实盘精要

　　重仓与轻仓的选择，与交易系统的正确率有关。对正确率较低的交易系统，轻仓试错是非常必要的；而对正确率很高的交易系统，可以考虑重仓出击。笔者所使用的交易系统属于趋势交易系统，正确率不高，牛市中约为50%，熊市中约为30%，所以牛市可以重仓入场，熊市则轻仓入场是比较好的。

② 顺势加仓：扩大盈利

随时根据股价的走势变化进行加减仓，是我们操盘过程中必须考虑的问题。如果在我们的操盘计划里没有加减仓的策略，则是一件令人遗憾的事。因为仓位管理是风险控制的一个重要组成部分。

从轻仓入场开始，如果事实证明我们的买入方向是正确的，就要想办法加仓，让我们的资金获得长足增长。如果在形势对我们有利的情况下，却不去想加仓，那就等于浪费机会。

我们都知道牛短熊长的道理。即便是短线来看，震荡和下跌的时间也多过上涨的时间，可以说，上涨的时间是很少的。所以多数时候，我们都在用轻仓试错。

可是当我们对了，试到好机会已经来临时，那么增大持仓量是必然的。否则，错过机会的时间成本往往是我们承担不起的。

在试错阶段，虽然我们使用的是轻仓，但是不停地止损，积累起来也是一笔不小的资金损失。等到上涨机会真正到来，若是仍然轻仓，那么结果往往只是刚好弥补前期的损失，很难保证有较大收益。

我们来这个市场，不是来做游戏的，也不是来猜对错的，我们是来赚钱的。有了好机会时，怎么能浪费呢？趁势加仓是必然之举。

形势大好，就要出大招，这样才能获得最大的收益。趁势加仓就是这个道理。形势不佳，出大招即便能胜，效果也有限。

那么加仓有什么章法呢？一般来说，加仓分为这样几种方式：金字塔加仓，倒金字塔加仓，平行加仓。

2.1　金字塔加仓

金字塔加仓方式很简单，就是在上涨过程中，每次加仓的仓位都比前一次小，这样就形成"底部仓位大，越往上仓位越小"的金字塔形状。

例如，初始开仓买10手，股价上涨到合适加仓位再加5手，再往上遇到合适加仓点又加3手。这样一来，股价往上走，加仓手数越来越小。

这种加仓方式比较安全，可以避免价格回撤对已有浮盈的伤害。著名投资大师斯坦利·克罗推荐使用这种加仓方式。在短线操作过程中，笔者也很喜欢使用这种方式进行加仓。

2.2　倒金字塔加仓

倒金字塔加仓，与金字塔加仓正好相反，就是底部买入轻仓，随后每次加仓都比前一次加仓量更大。这样就形成了"底部仓位小，顶部仓位大"的倒金字塔形状。

例如，初始开仓买5手，股价上涨到合适加仓位置时加10手，再往上遇到合适加仓点又加20手。这样加仓，股价上涨越高，加仓手数越大。

这种加仓方式具有很大的赌性。假如前期轻仓已有盈利，后面加大仓位买入，一旦价格回返，那么前期盈利瞬间就会化为亏损，所谓轻仓试错的意义就不复存在了。所以我很少采用这种方式来做投资。

2.3 平行加仓

平行加仓，又叫水桶加仓，就是每次加仓的量都相同，这样就形成了底部顶部上下平行的加仓形态。

例如，初始开仓5手，股价上涨到合适的加仓位置加仓5手，股价再往上走遇到合适加仓点又加仓5手，这样每次加仓都始终保持不变的手数。

著名的投机大师利弗莫的加仓方式便是这样的。这种加仓到后来其实就是金字塔形状。这是我常用的加仓方式。

以上就是常见的几种加仓方法，可以灵活运用。无论哪种加仓方式，在加仓的过程，都一定要顺势，尽量做突破性加仓，可以少量做一些支撑性加仓，而绝对不要做往下摊平成本的加仓。向下摊平成本，其实是逆势加仓，成本是摊不平的，但大概率会亏损，此时价格向下，眼见前面一只羊已经入了虎口，还要再多送几只羊进去，就太缺乏理智了。

总而言之，加仓是很重要的投资策略，不可以盲目而为，应该有计划地进行。在选择加仓方式的过程中，要理解加仓方式的内涵以及利弊，配合当前的行情进行规划，切勿想当然地进行加仓操作。假如你不知道是否应该加仓，那么就不要加仓。

实盘精要

对趋势系统的使用者来说，加仓策略是必不可少的。因为趋势系统的准确率一般比较低，在大多数时候都是亏损的，而只有少数趋势机会到来，才能够大赚。在这样的好机会到来时，如果不想办法加仓，那么最后的结果往往是不盈不亏，白忙活一场。

3 分批止盈：赢出好心态

潮涨潮落是自然规律，做短线不能贪，要知道短期的涨幅始终是有限的，换句话说，短期的上涨是有天花板的，所以价格冲高要及时止盈，不要期待价格会一直涨下去。在我入市初期，贪心比较重，有一夜暴富的心理，所以买入一只迅速上涨的股票，心里就想着它会长多高。事实上价格还没有大幅上涨，心里就已经幻想出了翻倍的情景。

但是经历多了才知道，股票快速上涨时要懂得及时兑现利润，否则一切都是纸上富贵。有句话说得好："会买的是徒弟，会卖的才是师傅。"在交易过程中，如何止盈的问题其实远比该在哪里入场的问题更重要。交易场也确实有很多人不知道如何止盈，结果是盈利时赚点小钱，或者本来赚钱的股票想赚更多，结果价格回落，竹篮打水一场空，落得空欢喜一场。

其实关于止盈的思路，前面讲述行情研判策略时就有讲述，主要还是分批止盈策略。当价格快速冲高，要卖出一部分，落袋为安，再留下一部分，以博取更大的利益。就是这么简单一条思路。如果期间再配合顺势加仓策略，完全可以获得更高的利润。

但是许多人对分批止盈策略不屑一顾：既然已经赚了，自然就要大赚，

让盈利不断发展才是，何必卖掉一部分呢？这其实是贪心在作祟。假如你真的知道那些炒股高手的操盘手法，就会知道他们绝大部分人都在使用分批止盈的策略。没有人只是想看看纸上富贵，不兑现的利润都是假利润，做不得数的。所以有了利润，就要兑现出来，但不要一下子都兑现了，而要留一部分看后面的情况。

你也可以把这种方法理解为冲高减仓策略，价格如果有回落还可以在适当价位再次买入，这样又成为波段操作，是一种非常灵活的操作方式。在已经产生盈利的时候，要注意确保已有利润不完全丢失。学会分批止盈，你会发现自己面对市场的心态会变好。

很多人都在说心态与情绪对投资交易有多重要，其实心态与情绪的管理还是在于选择适当的策略。好的策略可以使你的心态变好，而采用不恰当的策略，则会损害操盘者的心态。心态绝对不是一个人想一想就可以转变的，而是跟他的选择和行动有关。

假如你选择了一次性卖出的策略，那么必然就要面对后面可能错过大利润的懊悔心情。同样，如果你一次性卖出后，后面价格随之反转下跌，那么你也会有很大的成就感，会觉得自己很准。所以采取任何一种策略，都会出现不同的心情，关键是哪一种心情你应对起来更轻松。

习惯于分批止盈，是因为不想错过快速冲高的行情利润，同时也不想错过后面还有可能的上涨，所以选择这种方式来应对。这样做让操盘拥有更多可能性，但不代表这种方式就必须成为你的选择。假如你更加喜欢使用其他止盈策略，那么可以选择别的止盈策略，形成自己的交易风格。

总的来说，止盈策略的选择是利弊衡量的过程。当我们选择了有利的一面，就要面对弊端的一面。应用何种止盈策略，也是个人的选择，没有一定正确的止盈策略。一切就看你打算怎么设计自己的交易系统。

实盘精要

落袋为安是很重要的思想。长线投资者、价值投资者或许会持仓很长时间，为等待一波真正的大牛市而忽视短期的价格冲高。但短线投资者不行。短线投资者必须界定自己的盈利点，是赚三天五天的钱，还是赚隔夜超短的钱，要想清楚。千万别把短线做成了长线。

4 适时空仓：节奏很重要

当我们谈论风控的时候，必然要谈到空仓的问题。很遗憾的是，现实的操盘过程中，空仓的人太少了。有的人虽然空仓，也不是主动空仓，而是严重伤损本金，不得已才选择空仓。但是真正具有风控意义的空仓，绝非被动的选择，而是主动的选择。

大多数人认为，空仓的意义在于躲避震荡和下跌行情。这样的认识其实很表面。从实际操盘的角度来看，空仓更大的意义其实是帮助我们建立一个入场点过滤系统。假如你想在市场中长期获利，降低亏损，那么就要学会过滤入场点。并不是每一个机会都需要去抓住。

对我们的交易来说，过滤入场点是极为重要的。当市场行情不符合我们的行情研判所需要的走势时，那么毫无疑问，我们不应去试探建仓。比如，在下跌趋势过程中经常会出现反弹走势，如果我们是做上涨趋势行情的，就没有必要参与这样的行情，而应空仓等待上涨行情之后的入场点。

当然，本书通过行情研判和强势个股的技术解析讲述了六种入场策略，这都可以学习和理解，但建议读者在使用过程中最好不要超过两种策略。不过，细心的读者会发现，书中所讲的六种入场策略，其实只有两种策略：突破买入和支撑买入。

一般来说，使用两种相似的策略相结合就已经可以过滤掉很多无效行情，同时也不会错过真正有利的大行情。如果在某只个股上操作，你就会发现在无效的行情和小行情当中，你基本上都是空仓状态，而只有在一部分小行情和有效大行情到来时，你才具有确定的持仓机会。

空仓不是一种主观认定，而是系统策略的选择。真正有效的策略，会告诉你什么时候应该空仓，什么时候应该进场。问题是我们许多人不服从系统策略的选择，总习惯自主行动。事实证明，手痒的人是很难赚到钱的。

无法空仓的人往往是因为缺乏自我约束。有的人会找借口："我这是轻仓试错。没什么大不了的。又没有亏多少钱。"说起来似乎很有道理，但事实上，在你还没有养成自我约束的习惯之前，任何不遵守系统策略信号的行为，都将破坏你的交易能力，降低你的成长速度。

如果进场策略告诉你，还没有达到进场时机，那就说明这是被策略过滤的行情，不必参与，保持空仓，没有必要轻仓试错。当然，如果你使用两套相似的策略来过滤行情，其中一套策略没有发出入场提示，而另一套策略却提示入场，这样就可以轻仓尝试。

空仓，应该成为常态。尤其是短线操盘，空仓的时间应该比持仓的时间长。其实看市场行情就知道，行情上涨的时间远远少于行情震荡时间和行情下跌时间，而那种快速上涨的爆发行情，时间就更短了。这是客观规律。所以大部分时候，短线交易者应持币空仓等待最佳时机才对。

如果不停地在市场上进进出出，不仅会身心疲惫，而且赚钱会特别难，资金曲线也很难增长。其中最大的问题是这样做会导致心态的不稳定。久而久之，很容易抛弃系统和策略，开始乱做，这就糟糕了。学会适时空仓，坚持自己的策略和系统，不要试图去抓住市场中的所有机会，其实你只需要抓住其中很少的一部分机会，就足以让你富有一生。

实盘精要

　　大盘进入下降通道时，在没有选到强势股时，在没有到达具体的点位时，在缺乏良好的买入时机时，都要学会空仓。不要失去自我控制，随意逮着一只股票便买入。假如不懂得空仓，完全放任自己去买卖，亏损的风险就会很大。

第十章

交易系统的开发与应用

本章主要讲述交易系统的知识，告诉读者如何设计开发交易系统以及如何运用交易系统，帮助读者建立系统化交易的理念，切实地提高大家的交易能力。

系统测试与优化

交易系统的应用

系统与策略

认识交易系统

1 认识交易系统

成熟的投资者，必定有自己的交易系统。其中包括自己的投资理念、市场认识以及具体的操作规程。而短线操盘客当然更需要交易系统，只有这样才能保证买卖点清晰，加仓或减仓毫不迟疑。

假如没有系统化交易的理念，在短线操盘过程中便难免四处出击，一会儿低吸，一会儿追涨，很多时候不清楚自己擅长哪一路。最为糟糕的是，因为没有交易系统，原本打算短线操盘，最终被动地演变为长线持有。

交易系统如此重要，我们也一直在谈论交易系统，那么什么是交易系统呢？所谓交易系统，就是一系列买卖策略的集合，包括行情研判、交易策略、风险控制、危机管理四个部分。

1.1　行情研判

这个部分有许多书籍都在探讨，市场上的许多新手寻求交易圣杯，往往看到的就是这一部分，热衷于学习各种指标，希望能够找到一套高胜率的指标。

本书在前面的章节中已经讲述了最为简易的行情研判，其实只要掌握这样简单的行情研判技术，就完全可以从市场上赚钱。将行情研判技术搞复杂了，反而会让人无所适从，对操盘实战是没有任何意义的。

1.2 交易策略

交易策略，包括进场策略、轻仓策略、重仓策略、建仓频率、加仓策略、减仓策略、止损策略、止盈策略、空仓策略、退出机制等，这些策略只有在相互配合情况下在特定的行情里才能盈利。

策略相互组合，就形成了基本的交易行动计划。这也是交易初级选手最为关注的部分，他们相信一定有稳定盈利的交易策略，然而事实证明，任何策略都是有适应范围的，只有在特定的市场特征下才会有效，所以没有哪个策略可以长期战胜市场。我们要做的就是在相应的市场特征中，使用相应的策略。

1.3 风险控制

风险无处不在，在交易的世界里，更能够体会到这一点。无论你采用哪一种方式进行交易，都不可避免地要面临风险。不过，只要投资者愿意去做，风险是可以控制的。不懂控制风险的人必然是做不好交易的。而短线操盘对风险控制的要求更加严格。该止损的时候不止损，就会将好不容易赚来的利润丢回市场，甚至很快将本金亏掉。

1.4 危机管理

有些风险是可以控制的，因为它可以预料。而有些风险往往来自于一些无法预料的突然事件，完全超出投资者的控制能力，这就是"危机事件"。

比如，2018年4月16日，中兴通讯被美国商务部禁售芯片事件，导致中兴通讯出现连续8个跌停板。事先谁也没有料到会发生这样的事情。

又如，2018年7月15日，长生生物疫苗事件，导致该股连续十几个跌停，然后进入ST板块，就这样走上了退市的道路。

如果你去研究长生生物的K线图，就会发现，在事件还没有爆出来之前，其形态相当完美，价格正好回踩MA100均线获得支撑，特别适合使用"底背离+低位123结构"入场。假如你当时关注了这只股票，很可能在危机事件爆发前几个交易日进场。那么结果会很惨，这就是危机事件，完全无法预料。哪怕你做了正确的选择，也不可避免会遇到这样的事情，除非你不买股票。

作为绩优白马股，中兴通讯的图表形态在危机事件到来之前也非常流畅完美。事实上，有不少人在事件发生之前买入了它。他们并没有做错事情，但是这样的危机事件还是发生了。一旦危机事件出现，即便事先有过止损计划，在连续跌停的情况下，也根本无法出场，想逃跑都不可能。要是重仓交易的话，结果可想而知。

危机事件是不可预料的，所以无法躲避。像中兴通讯这样的绩优白马股尚且会遇到这样的危机，更不用说其他股票了。在这个市场里，不知道何时，我们就可能踩雷。我们唯一能做的就是在踩雷时尽量避免造成巨大的损失。而最确切有效的办法就是绝不满仓和重仓交易。假如能够将资金分成几个部分，进行分散投资，那就更好了。

以上就是交易系统的四个重要部分，你可以看一看自己的交易系统是否具备这四个部分的内容。假如缺少其中一些环节，则可以根据本书所讲的内容，有目的地进行完善。

总而言之，做任何投资都需要建立自己的系统化交易思路。在学习某种交易方法时，我们必须了解该方法背后的整套交易系统。只有掌握整套系统规则的交易方法才有意义，否则空谈买卖点是没有用的。

实盘精要

市面上有许多讨论交易技术的图书，讲述各种各样的买卖点，比如震荡区间突破买入法、缠论买卖法、双均线买卖法等，这些方法都是有效的，但一些人用起来却总是无法做到盈利，这是因为他们不能理解系统交易的思路，常常这里买一下、那里买一下，没有完整的交易思路。

2 系统与策略

　　你打算如何进行交易，这需要进行很多前期工作，绝不是依靠感觉来进行的。在现实生活中，我们经常会走一步看一步，也有过来人常常教导年轻人，不要等到准备好了再行动，那样就晚了。事实上现实生活确实如此。但在交易市场上，这条建议并不适用。来到市场中做短线、赚差价，不做准备、没有策略是不成的。准备好了再行动，策略完成就退出，这才是正确的做法。

2.1　选股策略

　　选择什么样的股票进行投资，是交易系统首先需要解决的问题。在短线交易系统当中，主要应选择强势股为主要投资对象，比如突破的股票、涨停的股票、处于上升通道的股票等。

2.2　固定周期或多周期的运用策略

　　笔者有时会选择固定周期，而有时则会选择多周期。通常笔者会从大周期选股，而在小周期上进行操作。假如只操作一只股票，则会从大周期上判

断上涨趋势，然后从小周期上寻找买入时机。

2.3 入场位置的选择

这个与行情研判技术密切相关。简单说，其实就是支撑、阻力和突破。有人说价值投资者就不是这样。真的吗？价值投资者通过基本面分析，同样是寻找支撑——价值回归和价值成长的理由。同样，他们也需要研究阻力——公司存在和面临的问题。价值投资者寻求的突破——公司业务拓展等。而短线操盘者寻求的是买卖双方力量博弈点位的支撑、阻力和突破。

2.4 止损策略

止损在前面已经有单独的章节讲过，有多种选择，如自然止损、固定额度止损、固定比例止损以及指标止损等。这些方法各有特点，可以根据个人风险偏好以及行情研判来决定选择哪一种。个人比较常用的止损方式是自然止损和固定额度止损。

2.5 轻仓与重仓的策略

根据每个人的投资风险偏向，选择轻仓入场策略或重仓入场策略。笔者偏向于轻仓策略，很少采用重仓策略，即便偶有重仓，也绝不会一次性重仓买入，而是采用轻仓分批买入到重仓。所以本书几乎所有的系统应用在初次入场点位上都采用轻仓。至于重仓策略，也并不是错误，有些金融投资家的仓位就很重，这是基于他个人的交易系统。我们不知道他的交易系统是什么样的，所以很难效仿。我们能做的就是选择自己能够理解的方式。所以在你选择轻仓或重仓时，先要想到自己是基于什么样的认识来建立自己的交易系统。

2.6　加减仓策略

加减仓策略的选择。行情发展初始阶段，可以在关键价位突破时使用加仓策略，使得盈利扩大，等到行情充分发展，或者快速冲高时，则采用适量减仓策略。这是场内的加仓减仓策略，是我个人的做法。也有的人选择在场外加仓：第一次轻仓1手进场，被止损；第二次2手进场，被止损；第三次3手进场，被止损……直到买对了，让行情充分发展，然后选择金字塔加仓和分批减仓策略。无论使用何种仓位管理，都要配合相应的其他策略才能应用。孤立地使用某个策略，结果只会导致悲剧。比如，场外加仓策略，如果连续十多次被止损，那么原来的轻仓入场就会发展成为重仓入场，止损金额会越来越大。假如没有较高胜率的行情研判技术配合，结果是非常危险的。

2.7　止盈策略

止盈策略又分为一次性止盈策略和分批止盈策略。笔者倾向于分批止盈策略。这是基于个人心态做出的选择：一方面想要避免价格回撤吞噬已有浮盈，一方面又不想错过后面可能还有的上涨行情。至于二者之中哪个策略更好，其实是无法区分的，还是要看个人的风险偏好吧。

2.8　退出策略与空仓

这个退出策略，不是平仓卖出策略，而是指远离市场的策略。对于中长线投资者，会选择在熊市远离市场。而短线投资者同样需要懂得远离市场。有的人会在大盘下跌时选择不做单，有的人固定每天的亏损额度，有的人固定每天的做单次数，都是远离市场的策略。对于新手，建议固定每天的亏损额度，比如，当天亏损500元，退出市场不做单。也可以制定一个月的亏损

额度，这样就会让你做单更加谨慎，从而选择更好的机会，优化入场点位，而不会拿钱到处试单。

实盘精要

在开始组建交易系统的时候，会觉得挺复杂的，需要从各个角度出发思考每一个操盘步骤。但等到交易系统完善之后，就会发现非常简洁实用，投资目标精准，买卖点清晰，止损点不含糊，仓位加减有条不紊，具有很好的实盘效果。

3 系统测试与优化

交易系统建立起来之后，需要进行相关测试。有的人得到一套交易系统，就来市场里实战，结果输得很惨。任何交易系统都必须经过检验、调整、优化，了解交易系统的优点和缺陷之后，才能用于实战。

第一，一定要做模拟单。经常听到一些人说，做模拟单没有用，实战和模拟完全是两回事。这样说的人只能说明他们不认真，他们认为模拟单就是假的，是游戏，这自然不能测试出交易系统的有效性。

如果你能够把模拟单当成实战，端正态度，而非以游戏心态视之，便可以测试出交易系统的问题，同时对交易系统进行一定程度上的优化。

有钱人可以用钱去市场上交学费，建立并优化自己的交易系统，而如果你没有许多钱，更不想给市场交那么多学费，那么做模拟单是不二之选。先在模拟市场上完善交易系统，达到稳定盈利，再到真实市场上来吧。

对于参与股票投资的新手，建议是这样的：不要放弃本职工作，在工作之余做一做模拟单，这样做上一年时间以上，通常就会有很大收获，那会改变你对投资的理解，也会让你变得更加谨慎。

第二，无论是测试交易系统，还是练习模拟单，都要注意稳定盈利的问题。有的人使用交易系统，开始运气很好，连续赚了几笔，就觉得系统有效，当即进入实战。这其实很危险。

短期的几笔盈利并不能说明什么，更不能说明你已经达到可以稳定盈利的层次。事实证明，投资虽不复杂，但也绝对没有那么简单。你需要长期的测试，才能判断出盈利能力的实际情况。这也是许多交易员需要三五年成长时间的原因。

第三，交易系统不是一成不变的，在测试交易系统的过程中，你要根据交易系统本身的逻辑，对交易系统进行小范围的调整与优化。在测试交易系统的过程中，发现系统的缺点，不要大手笔地改变交易系统，更不要随意抛弃一套交易系统。

有的人不断尝试使用各种交易系统，无非就是想找到交易圣杯，期望抓住市场中的所有行情。还有的人是完美主义者，容不得一个交易系统有任何的瑕疵，一旦交易系统出现亏损单，就会受不了，觉得系统不安全，想方设法去改进，结果反而将原本一些很好的盈利点过滤掉了，这就是过度优化。

就个人经验而言，不存在完美的交易系统，也不存在完美的交易员。没有人能够不出亏损单而保证每个单子都是盈利的。假如有这样的人存在，资本市场上的钱都会变成他的，资本市场也就没有存在的必要了。

所以，在测试交易系统的过程中，要避免过度优化的问题。这个度的把握完全依靠自己，别人是无法指点的。

实盘精要

　　通过做模拟单测试交易系统是必要的步骤。在进行模拟单测试时，不可以临时改变买卖点，更不能随意买卖，而必须重视每一笔交易，同时必须按照交易系统信号操作，只有这样才能测试出交易系统的有效性以及缺点。

4 交易系统的应用

　　拥有交易系统，并不代表你就能获得成功。事实上交易系统随处可见，能够真正获得盈利的人却非常少见。建立交易系统很重要，但运用好交易系统则更加重要。空有宝刀而不会使用，其实是很浪费生命的事情。就好像金庸武侠小说《天龙八部》当中段誉空怀强劲内功，却不懂得运用，可谓暴殄天物。我们看小说电视时，可能会觉得这个情节很有趣，很有些淳朴天真的意味。

　　但在投资市场中，如果你拥有可以赚大钱的交易系统，却始终不懂运用之法，事后你认识到这个系统是可以赚大钱的，那么你会怎么想呢？你肯定会抽自己几巴掌，骂自己真蠢。但所谓聪明与愚蠢，这只看到了表面。许多聪明人照样在K线的波澜起伏当中迷失自己，无法驾驭交易系统走向成功。他们和段誉一样，并不是蠢，只是不知道怎么去使用自己的宝藏。那么，如何驾驭交易系统呢？

　　第一，充分理解交易系统的基本理念。其实很多人之所以不知道怎么使用交易系统，或者说运用不好某个交易系统，是因为他们根本没有理解交易系统的内涵，他们不知道这套交易系统的盈利目标是什么样的行情，每次盈利的幅度有多大，当然，更加不清楚这套交易系统的基本理念是什么。

　　这也是提倡自己建立交易系统的原因。只有自己建立的交易系统，你才会对交易系统的每个策略细节了如指掌，知道在什么情况下去使用，什么情况下加仓减仓，什么样的行情是自己的系统所要抓住的，什么样的行情是自己的系统所要舍弃的，等等。但建造自己的交易系统，不是一件可以一蹴而就的事情。

　　所以很多人开始走的路子都是使用他人的交易系统。但是又把路子走偏了，忽略了交易系统理念的学习，他们只是将交易系统当作一种方法，按部就班地执行，从来没有思考交易系统当中各个步骤的内涵。这就相当于学了招式，而不懂心法，完全是花架子，看起来很有章法，但实际战斗起来谁也打不赢。

　　其实交易系统都很简单，难是因为人们对它的内在思想视而不见。因为大家都很懒惰，想的是拿来一套正向交易系统就马上赚大钱，根本没有想过探索交易系统的内在，这是人性的弱点。不懂内在思想而使用交易系统，必然的结果就是失去内心的笃定。简单地说，就是心里没底。

　　具体表现则是在遭遇连续亏损时，有的人会觉得这套系统有问题，有的人则会觉得很正常，依然不管不顾地执行，他们都不会去想连续亏损的原因。要么怀疑系统，要么盲目信任。这都是有害的。不懂交易系统的内在运行机理，就更不可能根据行情变化随时做出调整。

　　那么具体如何使用一套交易系统呢？只有一种办法：充分了解这套交易系统的内在逻辑和运用机理，知道交易系统建立的基本理念是什么。除此之外，别无他途。

　　第二，在使用交易系统进行交易时，建议使用两套相似的系统。对此，可能有些人不理解：不是应该使用两套不同的系统，才能覆盖不同行情吗？这个问题似乎很有道理。但实际操作上，使用两套不同的系统，只会增加很多入场点，让你的交易变得凌乱。趋势想做，震荡也想做，这是极为困难的一件事。

要知道，做系统交易本来就是为了过滤市场上的大部分行情，而选择符合某些特定特征的行情。假如使用不同的交易系统，这种系统过滤的目的就等于不复存在，那又何必做系统交易呢，随便买不就成了吗？

记住，使用另外一套相似的系统，目的是弥补漏洞，而非试图将市场机会一网打尽。你必须明白，将市场机会一网打尽是不可能的，这不符合客观规律。所以，使用两套相似系统是为了查漏补缺打补丁，增强优势。

假如你设计了一套趋势系统，虽然可以获得不错的利润，但在执行过程中，你发现经常会错过一些绝佳的趋势买入点。这个时候该怎么办？绝大部分人想到的是优化本来的那套有效的系统。现在告诉你，这是错误的。因为你一旦优化本来的有效系统，很可能就会丢掉原本很好的买入点，这样就等于做无用功，甚至很可能会使得原有的系统优势不复存在。

这时，最好的办法就是建立一套与之前类似的趋势系统，与之相互弥补、相互配合，一旦一套趋势系统无效，马上尝试另一套近似的趋势系统，这样就不会错过进场点了。总而言之，做投资，思想理念极为重要。思想理念高明，即便使用简单的交易系统，也能从市场上赚到很多钱；假如思想理念不清晰，甚至连交易系统的内在思想都不理解，就很难赚钱。

实盘精要

使用两套相似的交易系统，增强交易系统的优势，是运用交易系统的正确思路。这样才能将一套系统的效能发挥到极致，赚到真正的大钱。而不是使用不同的系统，三天打鱼两天晒网，这样永远赚不到钱。

第十一章

投资计划的制订与执行

本章主要讲述投资计划的知识，其中包括宏观的投资计划、微观的股票操作计划等，为读者理清投资概念，巩固灵活、稳健的投资思想。

纪律与操作计划的执行

定时出金的必要性

交易系统与操作计划

认识投资计划

1 认识投资计划

证券投资要做好计划，但是在实际的投资过程中，许多人是没有计划的，特别是一些散户投资者，完全忽视计划的重要性。有的人说："计划赶不上变化。"但是计划是非常重要的。有计划的投资，可以最大限度地降低风险。

其实生活也是如此，有计划的人更容易成功，而没有计划的人是很难获得成功的。投资领域更是如此。当你决定进入投资领域，成为一名短线投资者之前，就应该有计划。否则，盲目地进行短线投资，只会让你的信心备受打击，甚至让你错失人生的许多美好。

许多人对证券投资并不了解，更不必说纯粹的短线投资。在许多人眼里，短线投资是赌博，因此有的人绝不参与，而有的人则想要搏一搏，试图一夜暴富。不参与的人是更安全一些，但也错过一些投资机会；而总想搏一搏，试图一夜暴富的人，则常常亏损到怀疑人生。

其实证券投资不应成为赌博工具，而是一种很好的资本配置工具，如果运用得当，可以为你的人生增光添彩。这就要求你学会做投资计划。一般来说，投资计划分成宏观计划与微观计划两种。

第一，投资的宏观计划，主要包括收入支出以及各种投资等一系列的财务规划。在准备参与证券投资之前，你要知道自己的基本财务情况，有多少存款，有多少负债，特别要了解其中真正的闲钱有多少。进行短线投资，应使用不要紧的闲钱。在高负债或财务紧张的情况下，做短线投资会带来很大的心理压力，从而破坏操作心态。这是需要特别注意的。

假如你没有太多闲钱进行证券投资，那么建议先积累本金。在此期间也并非无事可做，除了本职工作之外，可以进行证券投资的学习，以及进行短线投资的模拟操作（写好投资笔记，打造好属于自己的短线操盘手法）。对本金的积累，可以使用定投指数基金的模式，完成最初的投资资本金积累。这个过程历时3~5年。

经过这样一个资金积累、投资模拟和投资学习的过程，你大概对证券投资以及短线操盘会有较为深刻的理解与领悟。

投资本金积累得差不多，操盘手法也比较稳定时，可以开始使用真金白银进入实际操盘过程。这时，可以根据自己已经熟练的投资方法，规划自己的本金投入。如果正确率较高，可以投入多一些本金；如果正确率较低，则投入少量的本金。

不过，开始的时候，建议不要将所有的本金都投入实盘操作，分成3~5等份为妙。将其中一份投入实盘，剩下的几份资金可以买入余额宝之类的货币基金或存入银行。这样做的目的是保证本金安全。如果你的实盘投资做得好，那么资金会得到很好的增长；而如果实盘投资做得不好，那么也可以保证你不会一下子亏掉所有的本金。

本金安全才能够保证你在投资市场上长期生存下去。所以，这部分的计划一定要特别注意。否则，你又要重新开始积累本金，那样的话，重走一遍过去的路就会大大地降低你的财富积累速度。

由此可见，投资计划与个人的财务计划乃至人生计划都有至关重要的联系。从宏观角度来看，有计划地进行投资会影响我们的人生未来。

第二，投资的微观计划，主要指的是具体的股票操作计划，包括买入多少、买入点位、止损点位以及如何卖出等一系列交易策略在实际操盘时的组合应用方案。这部分操作计划其实就是本书所有的内容，本节不多加赘述，后文再详细讲述。仅从具体的投资交易角度来看，制订详细的股票操作计划，对我们的投资心态和情绪的影响很重要，绝不可以忽视。

实盘精要

投资计划不仅要理清自身财务状况，还要认识自己的性格和风险偏好，确定是否适合参与股票、期货等风险投资。其实生活中的绝大部分人并不适合高风险投资，更不必说短线操盘了。如果不太适合参与，却仍要学习，那么学习成本是非常高的。

② 交易系统与操作计划

在实际操盘过程中，我们需要从微观层面出发制订具体的操作计划。这与参与投资之前宏观的财务计划不同。在具体的操作计划中，需要掌握一套基本的交易系统。关于交易系统的知识以及应用工具，本书的前面章节已经有详细的讲述。

一套交易系统就相当于装满了各种操作策略的工具箱，而操作计划就是在某只股票或某种行情当中，选择交易系统当中的几种操作策略进行组合运用。所以证券投资的操作计划是非常灵活的，可以根据不同情况，使用不同的操作计划。

当然，这种灵活的操作计划，并不是每个人都能做好的。因为其中涉及心态的问题。如果没有长期投资的经验以及对盈亏表现抱有真正淡然的心态，那么操作计划的灵活，往往会让人失去平常心。

在一个短线投资者还没有真正达成系统交易的认识并学会使用交易系统之前，不建议灵活地制订操作计划。而应该将时间和精力花在建立交易系统，并理解交易系统策略工具之上。还没有完整的交易系统的投资者，所谓灵活地制订操作计划，其结果往往就是凌乱不知所谓。因为他还没有真正理解和领悟交易系统是怎么一回事。

而灵活地拟定操作计划进行短线投资，其实是投资高手操盘的手段。虽然他们的操作计划看似简单，但实际上他们已经完全清楚整个交易系统的情况，包括其中的优点、缺点以及各种策略工具的风险等。只有这样，他们才能对自己的操作计划拥有笃定的心态，才能保证计划的执行力。

具体到某一只股票投资操作计划上，则需要特别注意仓位管理的问题。所谓仓位管理，就是将资金分成几个等份，然后根据行情研判技术找到价格的突破和支撑点位，进行加仓与减仓操作。这部分看似简单，但实际上要做好并不容易。特别是涉及加仓的操作，遇到浮盈回撤是极为考验操盘手的，需要操盘手具备比较丰富的操盘经验。

当操作计划逐步实施，结果符合行情预判，获得相当盈利的时候，如何出场的问题也是操作计划的重点。在前面的章节当中，我们曾建议使用分批止盈的策略，这当然是不错的出场方式，但如果你有其他考虑，则可以使用其他方式出场，只要符合自己的操盘理念并且不妨碍执行即可。

总的来说，具体的股票投资操作计划是基于某只股票或某段行情展开的，其中还关系到投资者的投资理念、个人性格和操盘经验，所以并不是一成不变的。做价格突破行情的操作计划与做价格反弹行情的操作计划是不同的，而同样是做价格反弹的操作计划，不同的投资者也有不同的行动。

但不论是怎样的操作计划，一定要有交易系统的投资理念，这样才能保证投资过程中的心态稳定。否则，毫无章法、随意地拟订投资计划，就不是灵活投资，而是自寻死路。投资高手之所以能够制订完善而有效的投资计划，就是因为有交易系统的保证。因此，拥有一套完整的交易系统，是制订股票投资操作计划的前提条件。这就是系统与计划之间的关系。

实盘精要

　　交易系统是很重要的，却不是投资成功的全部，高手应该能够灵活地使用交易系统。而投资过程中的操作计划，是灵活使用交易系统的体现。交易系统就是工具箱，计划是应用工具的具体流程。只是拥有工具箱，是不足以取得成功的。在具体的行情里使用好工具箱，才是重点。

③ 纪律与操作计划的执行

在进行证券投资交易的过程中，纪律是最容易被忽视的一部分，然而纪律却是执行投资计划的重要组成部分。遵守纪律的目的不是战胜市场或赚钱，而是规范自身的行为、控制自己的欲望和情绪，让自己拥有强大的执行力。从根本上来说，是加强自我的掌控力和把握。

在市场中做投资，一切行动都是自由的，可以有任何的可能性。但是许多人都被这种"无限的自由"迷惑，不断地放大自身的欲望。特别是一些在实业经营中感觉有很大压力、欲望备受束缚的人，刚刚进入资本市场时，面对如此自由的市场，往往会失去自我控制能力，做出充分享受自由、肆意妄为的举动。

其实越是自由的空间里，越需要自我约束。做能做的，不能做的不做，如此才能真正享受自由，否则，只会失去自由。因此，我们来到市场第一件事，就是要给自己制定纪律，并笃实地遵守纪律。我们到市场里来，不是来享受自由的，更不追求"过把瘾就死"的快感，而是要赚钱。所以规范自己，约束自己，以避免在自由、欲望和金钱中迷失自己是非常重要的。

如果没有纪律，不约束自己的行动，那么最直接的影响就是操作计划的执行失败。事实上，相当一部分人是带着很好的投资计划来股票市场的，但因为没有纪律约束自己，这里尝试一下，那里尝试一下，投资计划往往就扔到九霄云外了，完全得不到执行。有人听说高手都训练盘感，于是迷信盘感，本来拟订了相关的买卖计划，却往往在盘中临时做出更改和调整操作。

临机决断，说得很好听，也很能体现一个人随机应变的能力，但能够如此随机应变的人往往都是有交易系统的人，并且拥有丰富的系统交易经验。绝大多数人缺乏这种丰富的经验，却试图在盘中行情变化的瞬间做出决定，反应不过来是经常的事情，而且其考虑和判断必然会不周全，一旦连续出现判断失误，整个交易步骤就会被打乱，这样就会让亏损不断扩大。

这样有了第一次违背投资计划的行为，你就会有第二次违背计划的行为。久而久之，盘感是不可能有的，反而投资计划也懒得制订了。更糟糕的是，在这种无组织无纪律的行动过程中，自我控制能力慢慢失去了，对自己的信心也将失去。所以，违背规律，亏了钱还是小事，人性劣点纷纷暴露出来却完全没有时间和机会去改正，才是大事。在不断的信心丧失过程中，人很容易越来越颓废。

所以，要学会控制自己的本能冲动，遵守纪律。真正重要的纪律就两条。

第一，没有到位，耐心等待。当你的进场机会没有出现时，就等着；当你的出场信号没有出现时，依然等着，千万不要乱动。有的人闲不住，等着等着，就会生出想法了，看到一个不错的位置，就想尝试一下，纪律就失去了。不遵守纪律去尝试其他方法，通常有两种结果：赔钱了，心情大坏，必然会影响后面的操作；赚钱了，同样不是好事，这样你就会觉得这个方法也不错，不由得生出侥幸的心理，会经常破坏纪律时不时搞一搞事。

等待是必须的。一个人去钓鱼，花了半个小时去坐等，最后一分钟钓上来一条大鱼，难道你能说只有这一分钟可取，剩下29分钟都是没有必要的吗？所以，进入投资市场，第一条纪律就是学会等待。不管是新手还是老手，建议你将"等待"二字时刻记在心里。这也是执行具体的操作计划时必要的一条纪律。

第二，信号出现，必定买卖。买入信号来了，不敢买入；卖出信号来了，不愿卖出。这样谈何执行力。无论是执行单一的某个策略，还是执行某个操作计划，都需要遵守这条纪律。如果连这一条纪律都做不到，说明你还没有理解投资纪律的重要意义，那么最好暂时不要参与证券投资，特别是不要进行短线投资。

一定要严格按照交易系统或投资计划中的买卖信号进行投资，绝不参与任何其他的买卖信号。拒绝其他机会的诱惑，需要极为强大的内心。想一想，按照自己计划的买入信号买入，结果没有成功，发生了亏损，而别人使用另外一套系统买入，结果当下就盈利，你会不会羡慕呢？假如没有纪律，仅仅依靠自身意志力抵抗诱惑，一次两次或许能够忍受，三次四次就可能放弃自己的投资计划了。这就是遵守纪律的必要性。

以上两条纪律，看似简单，却是执行投资计划的根本。总的来说，遵守纪律，坐好自己的冷板凳，不要羡慕别人，耐心等待自己的机会出现并抓住就可以了。当你一次又一次地遵守纪律，走出亏损的陷阱后，你的执行力、自控力都会获得长足的发展。这就是投资者的修行。

实盘精要

当有了丰富的短线操盘经验以后，你就会发现投资进行到最后必然会回归到情绪心态、自制力等个人修养的提升上来。此时再去看技术、系统，完全是不一样的认识。虽然表面上还是在使用它们，但内在的感觉完全不同：每次根据技术、系统买卖，无论盈亏，都不再惶惑。

4 定时出金的必要性

在还没有实现稳定盈利的阶段，我们要分批地投入少量资金进行尝试，尽力让自己在市场中活得长久。而在实现稳定盈利时，可加大资金投入。不过，在资金翻倍时，建议你将盈利部分的一半提取出来。

比如，10万元本金经过一番操作之后，赚取10万元。最好不要将20万元都投入到证券市场中，建议提出5万元存入银行或货币基金中，留下15万元投入证券市场。如果15万元翻倍成30万元，提取7.5万元出来存入银行或货币基金，留下22.5万元投在市场里。

这样做可以保证你的获利不被市场吞噬。在投资市场永远有你想不到的事情，谁也不知道明天会发生什么不可预料的情况。如果你已经开始实现稳定盈利，要注意定时把一部分资金提出来。这就相当于有了后备资金。

如果后续出现黑天鹅事件，一旦证券市场中的资金被吞噬，也可以保证你还有资金翻本。有的人想要资金滚雪球快一点，资金翻倍后从不出金，10万元翻倍成了20万元，就用20万元试图翻倍成为40万元，这样不断地滚雪球。表面上看这样没有问题，但实际上这样存在很大的问题。

首先，存在一个仓位调整的适应问题，定时出金可以给投资者一个逐步扩大新仓位的适应过程。很明显，当你的资金量在10万元时，进场的仓位肯定与资金量20万元时的进场仓位是不同的，其浮动的盈亏额度也不同。同样是浮亏10%，10万元资金量是亏损1万元，而20万元资金量是亏损2万元。这带给人的压力是不同的。翻倍后提出一部分资金，也就相当于缓慢地放大进场仓位，给自己一个渐渐适应新仓位的过程。

其次，存在一个冲动交易的问题，定时出金可以预防冲动交易，避免重仓、满仓带来的大额度亏损。人性的贪婪源于本能，而本能不知道在什么时候就会跳出来破坏我们的自控能力。很可能在某段时间，你认定了某个好机会，全然忘记风险，重仓出击，将证券账户里的钱全部买入。如果没有定时出金，那么冲动交易一旦发生，失败将会大幅度侵蚀资本金。若是盈利翻倍，就出金一部分，也就等于留下了更多机会。

再者，存在一个投资标的的单一性问题，定时出金有助于建立多样化的投资组合，形成完善而稳健的投资计划。随着短线投资者的资金逐渐积累起来，就需要考虑更为多样化的投资，特别需要注意投资组合方面的构建。定时出金，将一部分盈利开始转入其他的投资方式，比如债券、黄金、基金等投资目标，可以帮助我们降低资金风险。

最后，存在一个投资方式的转化问题，定时出金可以将一部分资金从短线投资方式逐渐转向中线、长线投资方式，对我们投资生涯的成长具有十分重要的意义。短线投资者不可能做一辈子短线投资，随着年龄的增长以及精力的下降，每个短线投资者都需要转变思路，谋求更加安全、稳定的投资模式，开发自己的中长线投资方法。定时出金，将一部分短线盈利转入中长线投资策略或价值投资策略是必须的。

总而言之，在制订投资计划的时候，我们要思考出金的问题，安排好出金后的投资组合计划及投资方式转变计划。投资不是人生的全部，短线投资

更不是人生的全部。所以在短线投资获得成功后，要逐渐调整自己的努力方向，增强自己财富的风险抵御能力，让自己的投资旅程走得更加稳健、顺畅。

实盘精要

定时出金对增强投资信心和稳定心态有很大帮助，也是理财计划当中的必要步骤。随着投资本金增加，必然要将资金分散投资，以降低风险。而将资金分布到不同的投资品当中，可使得资金的安全性大增，这样自然也能增强我们的投资安全感，降低操盘时的压力。

　　本书所讲述的是笔者习惯使用的交易技术，至于其他一些交易技术，比如黄金分割线、波浪理论等，笔者并不懂，也不使用，所以不会班门弄斧。还有诸如布林线、KDJ、RSI等指标，因为笔者基本不使用，没有纳入自己的几套交易系统里，所以也没有什么可讲的。事实上经过实战之后，你就会发现，在实际操盘的过程中，真正需要用到的技术很少。

　　就笔者个人而言，最常用的指标是均线，有时会看MACD指标的黄白线，其他指标完全不看。笔者知道，有很多短线客极为推崇KDJ指标。笔者曾经用"KDJ指标＋均线MA120"做交易，这套系统极为有名。不过笔者始终用不好，所以就放弃了。因此，书中所讲的交易策略和方法若不适合你，不必强求，你可以想办法建立自己的交易方法。

　　另外，书中很少提到成交量。有读者可能会感到困惑：成交量对股票价格影响很大，为什么不讲一讲成交量呢？这是因为在笔者的实战交易系统中，成交量并不重要，没有必要加入其中混淆视听。事实上笔者

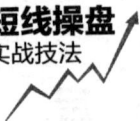

在操盘过程中根本就不研究成交量。如果你相信成交量指标，那么可以使用成交量指标建立一套属于自己的交易系统。前提是你真正理解了成交量的本质。

为了方便读者开发出属于自己的交易系统，笔者特别以专门章节讲述了交易系统的开发与设计，结合各章节所讲的交易策略，相信读者能够掌握交易系统结构的精髓。最后，感谢读者选择本书。由于笔者能力所限，书中难免有错漏之处，敬请谅解。